Level 5 Reading

HSK 专项突破 5级阅读

◎ 主编／杨 俐
◎ 编委／廖崇阳 吴 钰 张 宠

外语教学与研究出版社
北京

图书在版编目(CIP)数据

HSK专项突破5级阅读 / 杨俐主编；廖崇阳，吴钰，张宠编. -- 北京：外语教学与研究出版社，2016.4（2024.4重印）
（外研社·HSK课堂系列）
ISBN 978-7-5135-7336-8

Ⅰ. ①H… Ⅱ. ①杨… ②廖… ③吴… ④张… Ⅲ. ①汉语-阅读教学-对外汉语教学-水平考试-自学参考资料 Ⅳ. ①H195.4

中国版本图书馆CIP数据核字（2016）第075753号

出 版 人	王　芳
责任编辑	李彩霞
执行编辑	李　丹
封面设计	姚　军
出版发行	外语教学与研究出版社
社　　址	北京市西三环北路19号（100089）
网　　址	https://www.fltrp.com
印　　刷	河北虎彩印刷有限公司
开　　本	787×1092　1/16
印　　张	13.5
版　　次	2016年4月第1版　2024年4月第4次印刷
书　　号	ISBN 978-7-5135-7336-8
定　　价	48.00元

如有图书采购需求，图书内容或印刷装订等问题，侵权、盗版书籍等线索，请拨打以下电话或关注官方服务号：
客服电话：400 898 7008
官方服务号：微信搜索并关注公众号"外研社官方服务号"
外研社购书网址：https://fltrp.tmall.com

物料号：273360001

出版说明

"外研社·HSK课堂系列"是根据孔子学院总部/国家汉办2015版《HSK考试大纲》编写的一套训练学生听、说、读、写各方面技能的综合性考试教材。

2009年,国家汉办推出新汉语水平考试(简称新HSK),在吸收原有HSK优点的基础上,借鉴国际语言测试研究的最新成果,提出"考教结合"的原则,为汉语学习者提供了新的汉语水平测试和学习平台。为帮助考生熟悉新HSK考试,有效掌握应试策略和备考方法,并真正提高汉语能力,外语教学与研究出版社推出了"外研社·新HSK课堂系列",含综合教程、专项突破、词汇突破、全真模拟试卷等多个子系列产品。该系列自推出后受到广大读者的广泛好评,销量居同类图书前列,不少品种均多次重印。

2015年,孔子学院总部/国家汉办对2009版大纲进行修订,根据主题式教学和任务型教学的理论及方法,增加了话题大纲、任务大纲,改进了语言点大纲,并细化了词汇大纲。针对2015版大纲的最新变化,并结合广大教师及考生对"外研社·新HSK课堂系列"提出的宝贵意见和建议,外研社组织具有丰富HSK教学及研究经验的专家、教师编写了这套全新的"外研社·HSK课堂系列"。

"外研社·HSK课堂系列"旨在帮助考生掌握HSK的考试特点、应试策略和应试技巧,培养考生在真实考试情境下的应对能力,进而真正提高考生的汉语语言能力。全套丛书既适用于课堂教学,又适用于自学备考,尤其适用于考前冲刺。

本系列包含如下产品：
- "21天征服HSK教程"系列
- "HSK专项突破"系列
- "HSK词汇"系列（含词汇突破、词汇宝典）
- "HSK通关：攻略·模拟·解析"系列
- "HSK全真模拟试题集"系列

本系列具有如下主要特点：

全新的HSK训练材料

- 详细介绍HSK考试，全面收录考试题型，提供科学系统的应试方案和解题技巧。
- 根据最新HSK大纲，提供大量典型例题、专项强化训练和模拟试题。
- 对HSK全部考点进行详细讲解和答题技巧分析，帮助考生轻松获得高分。
- 所有练习均为模拟训练模式，让考生身临其境，提前备战。

全面、翔实的备考指导

- 再现真实课堂情境，帮助考生计划时间，针对考试中出现的重点和难点提供详细指导，逐步消除考生的紧张心理。
- 将汉语技能融合到考点中讲授，全面锻炼考生的汉语思维，有效提高考生在HSK考试中的应试能力。
- 提供多套完整的模拟试题和答案解析，供考生在学习完之后，根据自身情况进行定时和非定时测验。
- 试题训练和实境测试紧密结合，图书与录音光盘形成互动。所有听力试题在光盘中均有相应内容，提供的测试时间与真实考试完全一致，考生能及时了解自身水平。

我们衷心希望外研社的这套"HSK课堂系列"能够为考生铺就一条HSK考试与学习的成功之路，同时为教师解除教学疑惑，共同迎接美好的未来。

编写说明

本书是"HSK 专项突破"系列丛书之一，是为参加 HSK（五级）考试的考生编写的短期强化应试教材。其目的是帮助考生在短期内对 HSK（五级）阅读部分进行集中强化训练，熟悉考试流程，了解题型特点、主要考点与难点，掌握相应的应试技巧，提高阅读效率（包括阅读速度与质量），使考生的 HSK（五级）阅读成绩在短期内实现最大提升。

本书分为四大板块（section），建议按照板块顺序分四个步骤学习训练：

一、**考题说明与诊断性测试**（diagnostic test）。包括题型解析、重点难点介绍、一套自测模拟题（mock examination）及自我评估（self-assessment）。

阅读考题说明与介绍，系统了解考题		做一套模拟题		自我测试与评估，确定个人复习重点

二、**训练与技巧**。按阅读考试题型分为三个部分，每部分都包括考点分析、答题技巧、例题解析、一系列练习题及答案分析，以及该部分的一套模拟自测题。

阅读考点分析、答题技巧、例题解析		做一系列练习题，对照答案，找出差距		做一套该部分的模拟自测题，检查训练效果

注："例题解析"中的例题均以孔子学院总部/国家汉办 2015 版《HSK 考试大纲》和 HSK 考试真题为例。

三、三套完整的 HSK（五级）阅读模拟题。 做这部分练习的目的有两个：第一，检测复习后的阅读水平与成绩，以达到融会贯通；第二，作为一种考前热身与实战训练，为进入真实考场做准备。

四、个性化的可选训练项目，助你专门攻克阅读弱项。

本书主要供参加 HSK（五级）的考生使用，也可作为考前辅导班的课堂教材。书中设计了人性化的引导语，较难但重要的词语附有英文注释，比较复杂的说明尽量采用图表形式。此外，还配有大量可选性练习项目，以期考生能够高效率地达成预期目标。

本书编者杨俐、廖崇阳、吴钰和张宠均为北京华文学院的教师，多年来一直从事对外汉语教学和 HSK 的辅导工作，积累了丰富的教学经验。本书内容经过多次试用、反复修改，是精彩的课堂教学实践之浓缩。尽管如此，本书的不足之处在所难免，敬请使用者和各位同行批评指正。

编者

2016 年 1 月

目　录

HSK（五级）阅读考试说明 1
 一、考题形式 1
 二、考试分数与等级评估 3
 三、考试时间 4

考前准备一　汉语阅读能力自测与评估 5
 一、模拟题 5
 二、自我评分 19
 三、评估测试结果 19
 四、措施与对策建议 21

考前准备二　HSK（五级）阅读技能与训练 23
 第一部分　题解与练习 24
  一、考点分析（题型与特点） 24
  二、答题技巧与例题解析 24
  三、第一部分模拟测试 63
  四、阅读知识：复句与关联词语 66
 第二部分　题解与练习 69
  一、考点分析（题型与特点） 69
  二、答题技巧与例题解析 69
  三、第二部分模拟测试 86
  四、阅读知识：段落的内容构成与连接词语 90
 第三部分　题解与练习 92
  一、考点分析（题型与特点） 92
  二、答题技巧与例题解析 93
  三、第三部分模拟测试 116

四、阅读知识：记叙文、说明文与议论文的结构特点 ………… 125

考前准备三　HSK（五级）阅读考试模拟题　129

　模拟试题（一） ………………………………………………………… 129
　　一、试题 ……………………………………………………………… 129
　　二、答案与题解 ……………………………………………………… 142
　　三、自我评估表 ……………………………………………………… 144
　模拟试题（二） ………………………………………………………… 146
　　一、试题 ……………………………………………………………… 146
　　二、答案与题解 ……………………………………………………… 159
　　三、自我评估表 ……………………………………………………… 161
　模拟试题（三） ………………………………………………………… 163
　　一、试题 ……………………………………………………………… 163
　　二、答案与题解 ……………………………………………………… 176
　　三、自我评估表 ……………………………………………………… 179

考前准备四　选择针对个人阅读弱项的训练　181

　一、扩大阅读词汇量的建议与方法 …………………………………… 181
　二、HSK（五级）阅读词汇量测试 …………………………………… 181
　　词汇量测试（一） …………………………………………………… 181
　　词汇量测试（二） …………………………………………………… 184
　　词汇量测试（三） …………………………………………………… 186
　　词汇量测试（四） …………………………………………………… 188
　　词汇量测试（五） …………………………………………………… 190
　　词汇量测试（六） …………………………………………………… 192
　　词汇量测试答案 ……………………………………………………… 194
　三、提高阅读速度的技巧与策略 ……………………………………… 194
　四、快速阅读训练短文六篇 …………………………………………… 195

HSK（五级）阅读考试说明

一、考题形式

HSK（五级）阅读考试包括三种考题形式，即三个部分。

第一部分，共15题，在全部考题中排序为第46—60题。提供四篇两百字左右的短文，每篇文字中有几个空格，空格中应填入一个词语或者一个句子（据真题统计，每篇短文最多填一个句子），每个空格有四个选项，要求考生从中选出答案。

HSK（五级）考试大纲样卷样题（以下简称"样题"）57-60.

有一个造纸工人不小心弄错了配方，生产出了一批废纸。正当他对着那批废纸 57 时，一位朋友劝他："任何事都有两面性，你不如换个 58 看看，也许能变废为宝。"听了朋友的话，他开始仔细研究那些废纸。他发现它们虽然不能用来写字，但吸水性 59 好，甚至能吸干家具上的水滴。于是，他把那些纸切割成小块儿，取名"吸水纸"，拿到市场上去卖 60 。后来，他自己成立了一家工厂，专门生产这种"吸水纸"，赚了不少钱。

57. A 珍惜　　　B 发愁　　　C 强调　　　D 争论

58. A 步骤　　　B 原则　　　C 角度　　　D 规矩

59. A 稍微　　　B 简直　　　C 总算　　　D 相当

60. A 结果很受欢迎　　　　　B 技术越来越熟练
　　C 即使投入很多资金　　　D 却被原来的老板责备

正确答案：57. B　58. C　59. D　60. A

第二部分，共10题，在全部考题中排序为第61—70题。每题提供一段100字左右的简短文字，要求考生从四个选项中选出与这段文字内容一致或相关的一项。

样题 61.

机会之门开启之前，你无法判断它背后是成功还是失败。你所要做的就是鼓足勇气敲开它，如果你只是站在门前犹豫不决，不去行动，那么你将一直被关在成功的门外。

  A 要敢于行动
  B 成功也需要运气
  C 充分利用每一分钟
  D 坚持才能取得胜利

正确答案：A

第三部分，共 20 题，在全部考题中排序为第 71—90 题。提供五篇两百至五百字的短文，每篇短文带有几个问题，要求考生从四个选项中选出正确的一项。

样题 71-74.

有位著名的喜剧明星在从艺初期，常因自己的演技平平而愁得吃不下饭。当时他参加了一个电视剧的演出，剧组有位老喜剧演员表演非常传神，深受观众喜爱。可是，不管他怎么努力，就是演不出人家那么好的效果。这让他十分困惑："自己到底是哪里做得不够呢？"

一天，他和剧组的同事在一家饭馆吃饭。老板非常幽默，一边给他们上菜，一边逗他们发笑，大家都笑得直不起腰来。这时，他忽然发现那位老喜剧演员正<u>目不转睛</u>地看着老板，观察老板的一言一行。等老板走后，老演员又悄悄地模仿起老板刚才那几个生动有趣的动作。看到这儿，他忽然明白了，老演员之所以演得那么好，是因为善于从生活中积累表演素材，而来自生活的，才是最具有感染力的。

从那以后，他也开始留意生活中有趣的表演素材，并将其和自己的性格融合在一起，逐渐形成了独具特色的表演风格。不久后，他就成为了家喻户晓的喜剧明星。

71. 他刚开始为什么会发愁？
   A 记不住台词　　　　　　B 演技不够好
   C 没有舞台经验　　　　　D 与同事相处得不好

72. 第2段画线词语"目不转睛"形容老演员：
   A 观察仔细　　　　　　　B 非常谨慎
   C 配合得很好　　　　　　D 很尊敬那位老板

73. 那位老演员在饭馆是怎么做的？
   A 请顾客当裁判　　　　　B 模仿老板的动作
   C 向老板请教厨艺　　　　D 表演了几个节目

74. 从饭馆回来后，他开始：
   A 到处演出　　　　　　　B 研究影视作品
   C 思考人生价值　　　　　D 从生活中学表演

正确答案：71. B　72. A　73. B　74. D

二、考试分数与等级评估

HSK（五级）考试成绩满分为300分，听力、阅读与书写各占100分。总分180分即为合格（通过）。

其中，阅读部分共45题，满分100分。在真实的HSK等级与分数评估时，根据考试目标与测试重点，会有加权评分（weighted scoring）。但考生在进行自我评估时，可按照平均分进行简单处理，即 100 分÷45 题≈2.22 分/每题。例如，如果考生答对 28 题，成绩为 2.22×28≈62 分，即达到了五级的合格水平。

三、考试时间

　　HSK（五级）阅读考试时间为 45 分钟，需要完成 45 道题，平均 1 分钟做完一道。当然，在考试过程中，考生也可以根据自己的情况灵活安排时间，比如遇到熟悉或觉得容易的题目就做得快一点。考试时，考生应该集中精力，以提高阅读效率。

考前准备一
汉语阅读能力自测与评估

一、模拟题

在规定的时间（45分钟）内，完成下面的"HSK（五级）阅读模拟测试题"，使你对自己的汉语阅读水平（如阅读理解力、词汇量、语法点、文体与篇章结构的把握能力、阅读速度等）心中有数。

 第一部分

第46–60题：请选出正确答案。

46–48.

奶奶去世的时候，我又伤心又害怕。一个 46 我的人永远地走了，再也不回来了，突然让我感到生命的黑暗。父亲安慰我，他 47 着我的头说，奶奶出远门了，那个方向是通往天上的，天上有美丽的花园，有奶奶的爸爸妈妈、爷爷奶奶，他们在那里召唤她呢。这样的解释马上安抚了我的心，父亲的话减轻了我的悲伤。从此我 48 着生活，我知道奶奶希望我这样。无论走到哪里，我都会尽力把心中的爱撒向身边的人。

46. A 责备　　　B 赞美　　　C 疼爱　　　D 教育
47. A 敲　　　　B 拍　　　　C 摇　　　　D 摸
48. A 大方　　　B 微笑　　　C 痛苦　　　D 悲观

49–52.

　　曾国藩是中国历史上最有影响力的人物之一。在他小时候，有一天他在家读书，把一篇文章__49__朗读不知道多少遍了，却还在朗读，因为他还没有完全背下来。这时候他家来了一个小偷，__50__在他家的屋檐下，希望等读书人睡觉之后再进去偷点儿东西。可是等啊等，就是不见曾国藩睡觉，只见他还是翻来覆去地读那篇文章。小偷非常愤怒，跳出来说："这种水平读什么书？"__51__，走了！

　　小偷是很聪明，__52__比曾先生要聪明，但是，许多年后，曾国藩成了连毛泽东都佩服的人。然而，那个小偷却还是一个小偷。

49. A 发挥　　　B 欣赏　　　C 重复　　　D 转告
50. A 运用　　　B 躲藏　　　C 保存　　　D 降落
51. A 接着拿走了许多东西　　　B 然后拿起书来读了一遍
　　C 接着抢走了曾先生的文章　　D 然后将那文章背诵了一遍
52. A 至少　　　B 未必　　　C 不免　　　D 居然

53–56.

　　__53__："说实在的，你白长了这么高这么大。别看我个子小，然而小巧__54__，谁我都不怕。狮子号称'动物之王'，我一爬进它的耳朵，它就得嗷嗷地叫。牛的样子很吓人，我常常咬它的小腿，它除了跳几下以外没有一点儿办法。老兄，你有多大本事，试试看，敢不敢同我比一比？"

"不敢,"马说,"我也怕你来咬我的腿。照这样说,你肯定是动物界最厉害的了!"

"这倒不假,"老鼠说,"<u>55</u>是谁,我都不怕。"

"是吗?"马接着说,"最近我的楼上来了一位客人,极其<u>56</u>你,不知你可不可以同它见一面?"

"它比牛大吗?"老鼠问。

"不,"马回答说,"小得多了,看来也没什么本事,我昨天看到它和狗逗着玩儿,它连狗都不如。"

"是吗?那好,"老鼠说,"叫它出来吧!"

"请吧,我的客人!"马抬起头来叫道。

从楼上应声跳下一只猫来。

53. A 一匹马向一只老鼠夸耀自己的本领

　　B 一只老鼠向一匹马夸耀自己的本领

　　C 一只老鼠说自己为什么不怕猫

　　D 一只老鼠在和一匹马商量事情

54. A 勤奋　　B 灵活　　C 干净　　D 优美

55. A 无论　　B 即使　　C 可能　　D 但是

56. A 讨厌　　B 欣赏　　C 同情　　D 推荐

57–60.

玩过"二人三脚"的游戏吗?一个人的左脚和另一个人的右脚用绳子紧紧地系在一起,两个人的四只脚变成"三只脚",可以想象,跑起步来困难可就<u>57</u>了不少。但是,你能想象得出,30个人站成一排,两脚两腿捆在一起跑步吗?

从1996年开始，"30人31脚赛跑"每年都在日本全国青少年中 58 ，比赛中，每支参赛队的30位选手，必须以"二人三脚"的方式跑完50米。 59 ，微小的变化就会影响整个集体，最终 60 比赛失败。所以，比赛的意义在于：30个人要跑得像一个人——对于每个选手来说，你的脚不是自己的，而是集体的。

57. A 增加　　　　B 承受　　　　C 存在　　　　D 改变

58. A 开办　　　　B 举办　　　　C 持续　　　　D 报道

59. A 如果有人和大家想得不一样
　　B 如果一个人不参加比赛
　　C 假如有一位队员与全体脚步不一致
　　D 假如天气不好

60. A 影响　　　　B 形成　　　　C 导致　　　　D 实现

第二部分

第61-70题：请选出与试题内容一致的一项。

61. 经过这几年的"折腾"，他已经从一个单纯喜欢旅游的人变成一个真正的旅游专家了。"干旅游就要钻旅游，只有扎扎实实地把它弄透了，才能搞好旅游"，说到这里，他不无自豪地笑了起来。

　　A 他很单纯
　　B 他只喜欢旅游

C 他在研究旅游

D 他很讨厌折腾

62. 在大西北的高山荒漠旁边，有江南风光般的肥沃土地，这就是著名的"塞上江南"。荒漠和沃土这两种不同的景色，在这里融合得竟是那么巧妙，交织出一幅"塞上江南"的五彩画卷。

A 画卷有五种颜色

B 江南在大西北的旁边

C "塞上江南"非常美丽

D 大西北的土地都很肥沃

63. 西夏王陵位于宁夏回族自治区银川市以西约三十公里的贺兰山东麓，是西夏王朝的皇家陵寝。在方圆53平方公里的陵区内，分布着9座帝陵、253座陪葬墓，是中国现存规模最大、地面遗址最完整的帝王陵园之一。

A 西夏是一个地名

B 西夏王陵在宁夏

C 西夏王陵在地面上

D 西夏王陵是唯一的帝王陵园

64. 大海，总是带给人们无比舒适和休闲的感觉。那蔚蓝的海水、暖暖的阳光和洁白的沙滩，似乎有种神奇的魅力，只要人们来到海边，就会忘掉所有生活压力和工作烦恼，只想尽情放松。

A 大海很有魅力

B 阳光非常神奇

C 海水很暖和

D 生活没有压力

65. 除了乘坐直升飞机空中俯瞰，也可以换上潜水衣，戴上头盔，来一次海底漫步。这是一种戴着氧气头盔的水下行走活动，十分安全可靠，即便不会游泳也不用害怕，因为氧气头盔会保证足够的氧气。

A 海底漫步十分安全可靠

B 氧气头盔只能用在陆地上

C 潜水衣可以提供氧气

D 会游泳的人才能去海底漫步

66. 我们希望大家在出行的时候采用低碳的方式，不妨骑自行车，不妨购买网上的电子票，其实你一个小小的行为，就为环保做出了很大的贡献。

A 出行的时候不要骑自行车

B 出行的时候不要买电子票

C 小小的行为对环保非常重要

D 低碳的方式很不容易做到

67. 生活和工作中，我们会时刻感觉到来自各方面的压力。这些压力，不仅对人的情绪、生理、精神产生巨大的影响，也慢慢损害着我们的健康。因此，压力需要及时缓解和释放。

A 压力对身体健康不利

B 只有工作的人才有压力

C 人的情绪产生巨大的压力

D 压力的问题没有办法解决

68. 建议大家夏天不妨从小强度的运动开始,每天进行各种"小运动",如游泳、打网球、打羽毛球、跑步、快走等,这些一次性消耗体能少、技术要求低、时间要求少的运动方式,也可以起到锻炼的效果,较适合在夏天进行。

    A 游泳属于"小运动"
    B 做"小运动"非常累
    C 所有的运动都适合夏天做
    D 只有运动员才能做"小运动"

69. 这款多层环保垃圾桶的设计思路非常新颖,它本身的材料由废纸加工而成,非常环保,而且采用了多层设计,因此每当垃圾满了以后,我们就可以直接将垃圾桶最里面的一层抽出来,当作垃圾袋扔掉。这样的垃圾桶不仅非常环保,而且很方便。

    A 这款垃圾桶非常浪费
    B 这款垃圾桶只有一层
    C 这款垃圾桶是废纸做成的
    D 这款垃圾桶里放了很多垃圾袋

70. 相传乾隆皇帝下江南,出京时带的是北京玉泉水,到济南品尝了趵突泉水后,立即改带趵突泉水,并封趵突泉为"天下第一泉"。

    A 趵突泉在北京
    B 北京玉泉水比趵突泉水好喝
    C 皇帝最喜欢的泉水是济南趵突泉水
    D 天下只有"趵突泉"一种泉水

第三部分

第 71-90 题：请选出正确答案。

71–73.

美国钢铁大王安德鲁·卡耐基小时候家里很穷，有一天，他放学回家经过一个建筑工地，看到一个老板模样的人在指挥工人干活。

"请问你们在盖什么？"他走上去问那位老板模样的人。"我们正在盖摩天大楼。"那人说道。"我长大后要怎样做才能像你这样成功呢？"卡耐基以羡慕的语气又问道。"第一要勤奋……""这我早就知道了，那第二呢？""买件红衣服穿。"卡耐基满腹狐疑："这与成功有关吗？"那个老板模样的人指着前面的工人说："有啊！你看他们都穿着清一色的蓝衣服，所以我一个都不认识。"说完他又特别指向其中一个工人："但你看那个穿红衣服的工人，我很早就注意到他了，他工作很努力，所以我打算过一段时间让他做我的副手。"

当你数十年如一日、全力以赴地投入工作，结果却突然发现，尽管自己累得半死，别人却好像熟视无睹，领导从未注意过自己。这时，你可能怨天尤人，牢骚满腹，其实你要找找自己的原因。请记住：要想获得贵人的帮助或者指点，恰到好处地把自己展现出来、推销出去是很重要的。

71. 卡耐基经过工地时看到了什么？

    A 有一个工人穿着红衣服   B 很多建筑工人在工作

    C 一个老板在表扬工人   D 有很多工人穿蓝衣服

72. 卡耐基主要想问那个老板什么问题？

　　A 为什么要穿红衣服　　　　B 为什么要盖摩天大楼

　　C 怎样才能取得成功　　　　D 怎样才能成为老板的副手

73. 文章认为一个成功的人应该：

　　A 全力以赴地投入工作　　　B 穿着红衣服勤奋工作

　　C 得到贵人的帮助或者指点　D 适当地表现自己

74—78.

男性和女性，在不少方面都有差别。

首先，男女看东西、看人的方式就不一样。喝水时女性常看周围的人，男性则常看着杯子。男性喜欢欣赏美丽的女性，这是一种天性，不一定是<u>见异思迁</u>，并不意味着看到哪个漂亮女人就忘了自己的妻子，所以，女性没有必要因为丈夫看别的女人而不高兴。男性看女性，顺序大致是：脸、头发、胸部、服装、腿、腰部、臀部、手提袋；而女性看男性，顺序大致是：脸、头发、上衣、领带、衬衣、鞋子、腹部、皮带、手表、上半身。从这一点中，我们就可以知道，男性比较注意女性的身材，而女性比较注意男性的衣着。

其次，男女的心理和解决心理问题的方式也是不一样的。男性有一种"儿童心态"，女性有时很讨厌这种满身孩子气的成年人。女性比男性更容易高兴或变得不高兴。女性结婚、生孩子、找到理想的工作时，一般比男性更高兴。但是，如果情况变坏了，她们也比男性更难受。大多数女性喜欢把生活中的烦恼告诉自己的丈夫或者知心朋友，而大多数男性则喜欢把烦恼藏在心里，不愿意告诉别人。男性认为，把自己的痛苦和不幸与人分享是一种软弱，所以常常独自面对风风雨雨。

74. 男性喝水的时候喜欢看:

    A 美丽的女性　　　　　　B 杯子

    C 周围的人　　　　　　　D 看女人的身材

75. 第二段中画线词语"见异思迁"最可能是什么意思?

    A 看见更加新奇的事物就改变原来的主意

    B 看见漂亮的女人就想着搬家

    C 看见漂亮的女人就想到自己的妻子

    D 看见不同的人或事情就会很激动

76. 女性喜欢看男性的什么?

    A 手提袋　　　　　　　　B 腰部

    C 腿　　　　　　　　　　D 衣着

77. 女性比男性:

    A 更不容易难受　　　　　B 更容易高兴或不高兴

    C 更容易孩子气　　　　　D 有更多的烦恼

78. 男性比女性:

    A 更喜欢看异性　　　　　B 秘密更多

    C 痛苦和不幸更多　　　　D 更喜欢穿衣打扮

79–82.

伴随着科学技术的进步和人民生活水平的提高，消费者对水果品质的要求越来越高。他们不仅对色、香、味等感官品质有较高的要求，而且对食品的污染和毒害问题也越来越关注，因而生产无公害食品，无疑是在当前激烈的农产品市场竞争中以优取胜的途径之一。所以我们说无公害食品是满足人们需求的理想食品，是农产品生产发展的一种必然要求，也是农业生产步入现代化的一个重要标志。

为了与世界发展潮流相适应，中国农业部曾于1990年将无公害食品定名为"绿色食品"。绿色食品是安全、营养、无公害食品的统称。它是一个庞大的家族，主要包括粮食、蔬菜、水果、畜禽、水产等系列。由于它们与环境保护有关，通常都被形象地冠以"绿色"二字。

绿色食品向人们提出了一个新食品质量概念。其核心有三方面的含义：一是安全，二是营养，三是好吃。前两条是最基本的。俗话说："民以食为天"，这充分说明了食品在人们生活中的突出地位和重要作用，但在不同的历史时期，人们对食品有不同的要求。过去，中国经济比较落后，物质生活不丰富，因而，人们对食品也不敢有过高的奢望，只讲填饱肚子，根本谈不上安全、营养、好吃。

79. 绿色食品应该是：

    A 色、香、味等感官品质都很好的食品

    B 绿颜色的食品

    C 没有污染的食品

    D 蔬菜、水果之类的食品

80. 关于"绿色食品"，文中没有提到的是：

    A 没有公害　　　　　　　B 由中国政府部门命名

    C 又营养又好吃　　　　　D 价格不便宜

81. "民以食为天"说明了：

    A 人民靠天吃饭　　　　　B 人民的落后

    C 吃饭的重要性　　　　　D 人民用粮食供奉上天

82. 过去人们对吃饭的要求是：

A 能吃饱就行　　　　B 价格便宜

C 营养价值高　　　　D 品种多样

83–86.

"赛珍珠女士，你通过自己具有高超艺术品质的文学著作，使西方世界对于人类的一个伟大而重要的组成部分——中国人民，有了更多的理解和重视。"——1938年，瑞典皇家学院将诺贝尔文学奖授予了赛珍珠和她描写中国农民的长篇小说《大地三部曲》。

赛珍珠，1892年6月26日出生于美国一个传教士家庭，她是以中文为母语之一的著名美国作家。她三个月大时便随父母来到中国，先后在镇江、宿州、南京、庐山等地生活和工作了近四十年。其间，她在镇江生活了18年，因此她称镇江是她的"中国故乡"，她童年的大部分时光都在那里度过。赛珍珠热爱中国，深谙中文和中国典籍，被称为"中国通"，不仅出版了《大地》《龙子》等大量在西方世界引起轰动的小说，还将中国古典文学名著《水浒传》译为英文。

1934年，赛珍珠告别了中国，回美国定居。上世纪70年代初，中美关系逐渐解冻，赛珍珠渴望死前能再回中国，但是她的签证申请被拒绝了。

1973年3月6日，赛珍珠逝世，她为自己设计的墓碑上没有一个英文字母，只在一个方框内刻了三个汉字：赛珍珠。

83. 根据上文，赛珍珠获得诺贝尔文学奖是因为：

A 她写了《大地三部曲》

B 她写了《大地》《龙子》等反映中国的小说

C 她翻译了《水浒传》

D 她是一位出色的美国中文作家

84. 《大地三部曲》是描写：

A 中国农民的长篇译著　　B 美国农民的长篇小说

C 中国农民的长篇小说　　D 中国农民的短篇小说

85. 根据上文，下面哪个是正确的？

A 赛珍珠对中国古典文学很了解

B 赛珍珠在中国生活了一辈子

C 赛珍珠出生在中国镇江

D 赛珍珠的父母也是作家

86. 上文主要谈的是：

A 赛珍珠与她的《大地三部曲》

B 赛珍珠与她的英文译著《水浒传》

C 美国作家赛珍珠

D 赛珍珠的中国故乡镇江

87–90.

人们在交往中特别重视自己给别人的"第一印象"。可是你是否注意到，这个印象，往往在你们见面之前就已经存在了。因为出于礼貌，人们在见面前经常会通过电话约定见面的时间、地点等细节，所以你的第一印象已经通过你的声音传给对方了，可以说你的电话形象就是你的第一张"名片"。

电话形象是个人形象的重要组成部分。人们常说"如闻其声，如见其人"，说的就是声音在交流中所起的重要作用，通话时的表现是一个人内在修养的反映，电话交流同样可以给对方和其他在场的人留下完整深刻的印象。一般认为，一个人的电话形象，主要由他通话时的语言、态度以及表述的内容等多种因素构成。

那么怎样给人一张得体的"声音名片"呢？一是无论是打电话还是接电话，都要目的明确，不要说无关紧要的内容，因为电话最重要的功能是传递信息，所以电话语言要准确、简洁、得体，要语气热诚、口音清晰、语速平缓、音调适中、态度自然。二是如果主动给对方打电话，要选择好通话时间，不要打扰对方的重要工作或休息，通话时间的长短要控制好，不要不顾及对方的需要，聊起来没完。三是如果是你接听电话，则要注意接听及时，应对谦和，语调清晰明快，如果对方要给别人留口信，一定要问清楚细节，及时转达。

87. "声音名片"是指：

　　A 声音留给人的印象　　　B 第一次见面时留给人的声音印象
　　C 打电话的态度　　　　　D 具有语音功能的名片

88. 第一段中画线词语"出于"最可能是什么意思？

　　A 出发　　　　　　B 出现
　　C 为了（目的）　　D 做出

89. 根据上文，下面哪个是对的？

　　A 电话形象是指人们在使用电话时的姿态或样子
　　B 打电话时，说话的速度要尽量快一点儿，不要说些没用的话
　　C "如闻其声，如见其人"指听到一个人的声音时，就立刻想见到这个人
　　D 人应该通过电话通话中的声音给对方留下美好的印象

90. 关于怎么样让"声音名片"更好，短文中没有提到的是：

A 口音要清晰　　　　B 衣着要得体

C 语言要简洁　　　　D 态度要自然

二、自我评分

做完上面的试题后，查看下面的参考答案，自我评分。评分方法见上文第3页"HSK（五级）阅读考试说明"中的"考试分数与等级评估"。

第一部分

46. C	47. D	48. B	49. C	50. B
51. D	52. A	53. B	54. B	55. A
56. B	57. A	58. B	59. C	60. C

第二部分

| 61. C | 62. C | 63. B | 64. A | 65. A |
| 66. C | 67. A | 68. A | 69. C | 70. C |

第三部分

71. B	72. C	73. D	74. B	75. A
76. D	77. B	78. B	79. C	80. D
81. C	82. A	83. A	84. C	85. A
86. C	87. A	88. C	89. D	90. B

三、评估测试结果

根据做题的结果，填写下列表格，评估自己复习前的阅读水平，找出自己的问题。

	正确题数 / 错误题数	分数	你认为本题型的考查目的是什么？	你认为本题型你的错误原因是什么？	你认为用什么方法可以提高你做本题型的正确率？	综合分析，你的汉语阅读优势有哪些？（请画✓）
第一部分 46–60.	/		A. 词汇量 B. 语法点 C. 阅读速度 D. 阅读技巧 E. 其他（请自己填写）_____	A. 词汇量不够 B. 语法基础差 C. 阅读速度较慢 D. 缺少阅读技巧 E. 阅读数量少 F. 其他（请自己填写）_____		1. 词汇量较大 2. 语法基础好（句子理解快） 3. 阅读速度快 4. 汉语语感好 5. 喜欢（母语）阅读 6. 各种知识与经验较为丰富 7. 推理与猜测（文章、句子、字词意思）的能力较强 8. 善于把握文章的文体和结构，从而把握文章大意 9. 其他（请自己填写）_____
第二部分 61–70.	/		A. 词汇量 B. 语法点 C. 阅读速度 D. 阅读技巧 E. 其他（请自己填写）_____	A. 词汇量不够 B. 语法基础差 C. 阅读速度较慢 D. 缺少阅读技巧 E. 阅读数量少 F. 其他（请自己填写）_____		
第三部分 71–90.	/		A. 词汇量 B. 语法点 C. 阅读速度 D. 阅读技巧 E. 其他（请自己填写）_____	A. 词汇量不够 B. 语法基础差 C. 阅读速度较慢 D. 缺少阅读技巧 E. 阅读数量少 F. 其他（请自己填写）_____		
阅读总分	/100 分					
及时发现问题并给出解决方案						

四、措施与对策建议

现在,你可以按照下面的步骤来复习,也可以选用其中的部分方法与步骤。总之,能够找到针对自己特点的方法进行训练,一定会提升你的阅读水平,从而提高 HSK 阅读部分的成绩。

1. 借助上面的"评估测试结果",明确自己 HSK(五级)阅读的弱点和不足,找到适合自己的复习方法。

2. 在"考前准备二"的"答题技巧与例题解析"中选择你丢分最多、最需要练习的部分集中训练,例如,集中练习"第二部分"或"第三部分"。

3. 仔细阅读、认真领会"答题技巧与例题解析"的内容。如果有不明白的地方,一定要向你的老师或同学请教。

4. 完成"答题技巧与例题解析"部分的练习题,并核对答案。如有错题,一定要通过思考或老师同学的帮助,找到错误的原因和正确答案,不能糊里糊涂地放过去。否则,你很难在汉语阅读上获得真正的进步。

5. 完成"模拟测试",检查自己是否已基本掌握本部分的考试要点。

6. 使用闹钟、手机等设定做题时间(45 分钟),分三次(每次间隔两至三周)完成"考前准备三"中模拟试题(一)、模拟试题(二)、模拟试题(三),以检查各阶段的学习效果。

7. 思考现阶段个人汉语阅读的弱点,然后有针对性地选择下面的项目进行学习与强化:① HSK(五级)阅读词汇量测试六篇;②快速阅读训练短文六篇。

这种程序化训练的目的,是通过反复多次的"答题技巧与例题解析"学习,以及三次模拟考试的自我评估,查找个人汉语阅读上的弱点和漏洞,选择具有针对性的练习项目,纠正错误,弥补不足,借此真正提高你的汉语阅读技巧和阅读质量。

考前准备二
HSK（五级）阅读技能与训练

提示 本章的学习方法与技巧

1. 根据自我测试的评估成绩，选择你需要重点学习的内容，例如"第一部分"或"第三部分"。

2. 细读、理解并吃透（你所需要的）每一部分的"考点分析（题型与特点）"、"答题技巧与例题解析"。

3. 在规定时间内认真做完练习题和模拟题，然后填写自我评估表。不断总结自己的经验和不足，有目标、有计划地复习考题中的重点项目。

4. 根据需要选择性地学习"关键词汇"。

在课堂上向老师和高水平的同学学习或请教，考试之前需查词典扫清所有的生词和语法障碍（只要记住表中每个词语的常用意思就行了）。然后，每星期查阅一遍那些你不熟悉的词，看看是否已经掌握了它们。或者，你可以使用本书"考前准备四"中的六个"HSK（五级）阅读词汇量测试"，按照其中的测试指导，进行词汇量自我测试。

4. 如果你需要提高阅读速度 [这是很多 HSK（五级）考生遇到的大问题]，请参看本书"考前准备四"中"提高阅读速度的技巧与策略"和"快速阅读训练短文六篇"的内容。

5. 每天大声朗读"重点词语搭配及例句"的内容。熟读，可以使你获得汉语的基本语感，而语感可以帮助你在 HSK 考试时，超越对语法的分析，从而更快更直接地找出正确答案。

第一部分 题解与练习

一、考点分析（题型与特点）

（一）HSK（五级）阅读第一部分有15道题，占阅读题总数（45）的1/3，做题时间大致为15分钟。请在平时的训练中关注阅读速度的训练，以逐渐达到要求。

（二）本部分选用的短文，有故事性的记叙文（narrative），包括古今中外的各种故事；还有说明具体事物的说明文（expository essay），每篇约150字—250字。

（三）四篇短文的空格中，需要填入的词语主要是动词、名词、形容词和副词，选项中的词语大多是五级词汇中难度比较高的。需要填入的句子基本上有三种：陈述句、疑问句和祈使句，填写的位置有文中的，也有文末的。考查的内容既有上下文的衔接，也有全篇的总结归纳，其中不少句子含有关联词语。

二、答题技巧与例题解析

★ 你可按照以下步骤完成这一部分的考题：

1.扫读（scanning），即大致看一下（你的视线可按S形或W形，扫视短文一两遍）。看到空格时，要扫视选项，明确这篇短文的体裁和主要内容。对于记叙文要注意故事内容，对于说明文则要明确说明对象。

大体了解全篇内容后，你可以试着推断空格处可能会出现什么词语、什么句子。不过，这种阅读速度不要太慢，因为快速阅读可以使你的短期记忆非常清晰，便于对文段内容的整体判断；速度太慢，会让你读到后边时忘记了前边的内容。

2. 查看含有空格的句子，明确句子的意思，找到正确的选项。如果不能准确地找到答案，那么，查看所有选项词，经过排除后确定答案。如果还不能找到答案，就再看含有空格的句子及前后句的意思，推测空格处的内容从而确定你的选项。

3. 查看空格句的上下句，了解上下文意。同时，确定空格句是疑问句还是陈述句，内容应该是说什么的，再查找应选的句子。

4. 如果有时间，试着默读一两遍你已填入词语或句子的部分，这也是很有用的。因为达到 HSK 四五级水平时，你的汉语语感常会帮助你判断正误。换句话说，你读着感觉不舒服的地方，常常会有语法错误。

★ 注重扩大词汇量。本部分题型偏重测试词汇和句法。词汇的学习是一个积累的过程。经验表明，如果在日常课堂学习过程中，保持每次生词听写的准确率在 90% 以上，你的汉语成绩就较为理想。在掌握了大部分词语的情况下，考试中遇到个别不懂的生词就不算什么问题了。因为在阅读考试中，会出现一定的超纲词（生词），以考查你的猜测推断能力。这时，你可以试着猜一猜，并大胆地做出你的判断，给出答案。猜词的具体方法参见第 112—116 页，扩展词汇量的具体的方法见第 181 页。

★ 在 HSK（五级）考试中，一个题目四个选项中的词语大多是同一类的，比如四个名词或四个动词，所以我们把第一部分的考试要点分为名词、动词、形容词、副词和句子五个方面，而后一一讲解，并进行练习。有些词语既是名词又是动词（例如"移民、微笑"），或者既是名词又是副词（例如"始终"），针对这种情况，为了方便大家学习记忆，我们把一个词语的常用义归在一个词类下面，如果你知道了这个词语的常用意思，那么，很容易就能掌握变换词性以后的意思。

（一）名词填空题

1. 名词的类别

	类别	例词
名词	一般名词	老师、学生、罐头、对方、地震、能源、借口、价值
	时间词	上午、冬天、现在、未来、期间、中旬
	处所词	北京、邮局、图书馆、食堂、寺庙
	方位词	上、下、左、右、前边、左边、表面、里边、外边

2. 例题及解析

样题 46.

长时间看电视，不但会损伤眼睛，还会使人体受到辐射，所以和电视保持一定的距离很有必要。那么，离多远才能将_____降到最低呢？

A 意外　　　B 缺点　　　C 毛病　　　D 伤害

解析　答案是 D。前文讲的都是看电视对人们的伤害，因此，从意思上来看，和电视保持距离是为了降低"伤害"。另外，从搭配来看，动词"降低"也只能搭配名词"伤害"。

样题 58.

任何事都有两面性，你不如换个_____看看，也许能变废为宝。

A 步骤　　　B 原则　　　C 角度　　　D 规矩

解析　前面提到事物的两面性，这是由看事情的"角度"决定的，与"步骤""原则"和"规矩"的关系不大，因此选择 C。

真题四 46.

有一个年轻人在一家公司做得很出色,他为自己设计了一个美好的未来,对_____充满信心。

  A 记忆   B 前途   C 命运   D 价值

> **解 析** 前面讲到年轻人工作出色,有"美好的未来","前途"即是指前面的道路,比喻未来的情况,所以正确答案是 B。

真题五 47.

船靠_____后,这个人顺着船上的记号下水去找剑。

  A 弯   B 岸   C 田野   D 池子

> **解 析** 遇到考处所名词的时候要注意主语。主语是"船",所以选 B。"靠岸"也是固定搭配。

真题二 47.

医生对周围的病人说:"看见了吧,你们从这个_____中明白了什么?"

  A 现象   B 规则   C 道理   D 项目

> **解 析** 前面有"看见",能看见的是 A"现象",别的都不能"看见",所以正确答案是 A。

真题二 59.

"先生,您得到了这笔钱,准备用它来做什么?"

"首先,我要去领一个驾驶_____。"

A 执照　　　　B 文件　　　　C 支票　　　　D 合同

解析　和驾驶有关的是"执照",所以选 A。

对于填名词的考题来说,明白选项中名词的意思是做对题目的关键,所以必须了解下面列举的考试重点名词的主要意思。建议你按照一定的顺序和方法学习并复习这些词语(比如,一天学习 50 个词语并复习前一天学习的词语,在学习和复习词语时大声朗读等),直到掌握这些词语为止。

3. HSK(五级)阅读关键词汇(名词)

爱心	岸	傍晚	报告	背	背景	本领
本质	比例	标志	表面	表情	病毒	步骤
部门	财产	彩虹	常识	成分	成果	成就
程度	程序	翅膀	宠物	传说	传统	措施
待遇	单位	胆小鬼	道德	道理	敌人	地理
地位	洞	豆腐	对方	对手	对象	反应
方案	废话	风格	风俗	风险	概念	感受
感想	钢铁	隔壁	个性	根	公元	功夫
功能	古代	股票	观点	观念	规矩	规律
规模	规则	果实	行业	合同	和平	核心
后果	华裔	化学	灰尘	汇率	集体	记忆
纪录	纪律	嘉宾	价值	简历	建筑	角度
阶段	结构	结论	借口	近代	经典	精力
军事	口味	类型	理论	理由	力量	利润
利息	利益	零件	领域	逻辑	矛盾	贸易

煤炭	魅力	命运	目标	目录	内科	能源
农业	期间	奇迹	气氛	前途	枪	情景
情绪	趋势	权力	权利	人事	日程	商业
设备	设施	身份	神话	时代	时刻	时期
士兵	事实	事物	事先	手工	手续	寿命
数据	双方	税	丝绸	私人	思想	特征
提纲	体会	外交	未来	位置	物质	雾
系统	细节	县	现实	现象	项目	效率
心理	信号	行为	形式	形势	形状	性质
样式	业务	疑问	以来	意义	因素	英雄
营养	影子	硬件	勇气	用途	优势	语气
原料	原则	愿望	运气	灾害	展览	战争
账户	哲学	整体	证据	支票	执照	志愿者
制度	秩序	智慧	中介	中心	中旬	状况
状态	姿势	资格	资金	资料	资源	自由
作品						

注：词汇表中有些词语有多个词性，如"标志""体会"等，这类词经常以名词词性出现在考试中。

★ 名词训练

第一组

用下列词语填空。注意有 10 道题，12 个词语。

疑问	观念	勇气	道理	本质	智慧
愿望	思想	真理	语气	本领	矛盾

1. 超过平常人的 _____ 都是经过刻苦训练才能掌握的。

2. 只有看到问题的 _____，才能解决问题。

3. 通过这个成语故事，我们明白了一个深刻的 _____。

4. 这两个国家的 _____ 越来越大，最后导致了战争。

5. 要改善北京的城市交通情况，人们的交通 _____ 必须发生根本性的转变。

6. 课堂上老师让我们自由表达自己的 _____。

7. 我们要有 _____ 去面对生活中的种种困难。

8. 听他的 _____，这事大概有点儿不妙。

9. 他终于实现了上北京大学的 _____。

10. 领导者要善于集中大家的 _____，工作才能顺利进行。

第二组

用下列词语填空。注意有 10 道题，12 个词语。

| 理论 | 观点 | 决赛 | 气氛 | 表情 | 荣誉 |
| 自由 | 魅力 | 结论 | 情绪 | 情景 | 理由 |

1. 听说这个周末要去郊游，同学们脸上露出了兴奋的 _____。

2. 这句话，_____ 上讲是对的，但与实际情况不一样。

3. 每次迟到他都会找很多 _____，老师很生气。

4. 针对这个问题每个人都有不同的 _____。

5. 北京故宫以它强大的艺术 _____ 吸引着全世界游人前去参观。

6. 他们刚吵完架，屋里的 _____ 很紧张。

7. 他一走进这个房间就非常吃惊，眼前这个 _____ 跟梦中的一模一样。

8. 小花现在的 _____ 很激动，必须使她先平静下来。

9. 在奥林匹克运动会上，运动员们个个努力拼搏，要为祖国争_____。

10. 这个 _____ 是经过仔细调查才得出的。

第三组

用下列词语填空。注意有 10 道题，12 个词语。

| 系统 | 姿势 | 价值 | 状况 | 趋势 | 营养 |
| 形式 | 状态 | 程度 | 方案 | 角度 | 方式 |

1. 天气虽然转凉了，但是还没到穿棉衣的 _____ 。
2. 焦老师的教学 _____ 经过实践后获得了巨大成功。
3. 一定要找到一个正确的 _____ 帮助大家解决困难。
4. 在迎接一个又一个的挑战中他实现着自己的人生 _____ 。
5. 从不同的 _____ 去思考问题可以得到不同的解决方法。
6. 从当前的 _____ 来看，今后大学毕业生找工作会越来越难。
7. 这个城市建立了一个非常科学的排水 _____ ，下大雨的时候马路上也不会积水。
8. 一篇文章好不好，不能只注重词语是否华丽这些表面 _____ ，重要的是要看内容如何。
9. 这位老人的健康 _____ 一天不如一天，真让人担心！
10. 水在一定温度下， _____ 会改变。

答案

第一组： 1. 本领（掌握本领）　　2. 本质
3. 道理（明白道理）　　4. 矛盾
5. 观念（转变观念）　　6. 思想（表达思想）
7. 勇气　　8. 语气
9. 愿望（实现愿望）　　10. 智慧

第二组： 1. 表情（兴奋的表情） 2. 理论
         3. 理由   4. 观点
         5. 魅力   6. 气氛（气氛紧张）
         7. 情景   8. 情绪（情绪激动）
         9. 荣誉   10. 结论

第三组： 1. 程度   2. 方案（教学方案）
         3. 方式   4. 价值（实现价值）
         5. 角度   6. 趋势
         7. 系统（排水系统） 8. 形式（表面形式）
         9. 状况（健康状况） 10. 状态（改变状态）

提示：以上各题选项中出现的名词难度都比较大，只有掌握了这些词语的意思，才能给出正确答案。所以，掌握重点词语的意思是非常重要的。另外，名词与它前面词语的搭配，甚至与后面动词的搭配也有一定的规律，有些在答案中有提示，请大家注意。再次提醒，在平时的学习中，大声朗读这些试题中的句子对你掌握这些词语的用法也会有很大的帮助。

(二) 动词填空题

1. 动词的类别

	类别	例词
动词	动作动词	唱、笑、抢、骂、拆、命令
	状态动词	想、爱、缺乏、失业、害怕
	关系动词	是、有、叫、姓、属于、成为、当作
	能愿动词	能、会、应、应该、可以、可能、必须、愿意

2. 例题及解析

样题47.

其实还有一个简单的方法：面对电视伸直胳膊，横放手掌，使之与眼睛处于同一水平线，然后 _____ 上一只眼，慢慢调整身体与电视之间的距离……

A 摆　　　　B 闭　　　　C 瞧　　　　D 翻

> **解析** 与"眼睛"搭配的动词只有"闭"，因此选择B。

样题53.

"变脸"是川剧艺术中的一种特技，是 _____ 剧中人物内心感情的一种手法。

A 表达　　　　B 转告　　　　C 发表　　　　D 公布

> **解析** 与"感情"搭配的动词只能是"表达"，因此选择A。

真题二49.

人为什么会做梦，梦有什么意义，人类 _____ 了近千年也还没有找到答案。

A 想象　　　　B 观察　　　　C 思考　　　　D 幻想

> **解析** 答案是C。对"梦"的意义，能做的事情是"思考"。这类题考的是对词汇意义的掌握情况。

真题二 53.

有一个孩子跑到山上，对着山谷喊了一声："喂……"声音刚落，从四面八方传来了阵阵"喂……"的回声。大山答应了，孩子很惊讶，又喊了一声："你是谁？"大山也问："你是谁？"孩子喊："为什么不告诉我？"大山也喊："为什么不告诉我？"孩子_____生气了，喊道："我恨你！"

  A 忍不住   B 怪不得   C 舍不得   D 说不定

解析 答案是 A。因为大山与孩子的问答是重复的，孩子一直在忍，最后"生气了"，是"忍不住"的结果。

真题二 60.

你看，我早就知道，你偷了汽车是_____不了多远的……

  A 抢   B 逃   C 瞧   D 滚

解析 答案是 B。"偷"和需要选择的动词是前后两个动作，所以是"逃"。

真题三 54.

有一天，周宏给女儿出了 10 道题，结果女儿竟然做错了 9 道。周宏并没有生气，而是对女儿大加_____："这么难的题目，你竟然也能做对？我小时候可是一道都做不出啊！"

  A 轻视   B 确认   C 称赞   D 询问

解析 答案是 C。从这段话的意思看，周宏是在鼓励女儿，所以选"称赞"。另外从与"大加"的搭配来说，也只能选"称赞"（对……大加称赞）。

从以上分析可以看出，理解动词的意思、掌握动词的前后词语搭配是非常重要的。下面列出了你需要掌握的重点动词以及关键词的常见搭配。经常看一看这些词语，不懂的要及时学习；经常读一读这些词语、搭配和例句，会帮助你形成汉语语感。

3. HSK（五级）阅读关键词汇（动词）

爱护	爱惜	安慰	把握	办理	保持	保存
保留	避免	辩论	表明	表现	不如	采访
采取	踩	参考	参与	操心	拆	抄
炒	称	称赞	成立	成长	承担	承认
承受	吃亏	持续	充满	处理	传播	传染
闯	创造	刺激	从事	促进	促使	存在
答应	达到	担任	耽误	挡	导致	到达
等待	冻	逗	度过	堆	对比	对待
多亏	躲藏	发表	发愁	发挥	发明	妨碍
分布	分配	分析	奋斗	讽刺	复制	改革
改进	改善	改正	盖	概括	公布	贡献
沟通	构成	鼓舞	观察	过敏	过期	合作
恨	忽视	怀念	缓解	幻想	挥	恢复
集中	记录	纪念	捡	建立	建设	讲究
交换	交际	浇	教训	接触	接待	节省
结合	尽力	进步	救	具备	据说	捐
决心	开放	砍	克服	控制	夸	拦
利用	联合	浏览	流传	漏	轮流	落后
冒险	面对	面临	模仿	盼望	培养	赔偿
佩服	配合	碰	批准	披	飘	评价
破坏	期待	启发	强调	切	轻视	圈
劝	缺乏	确定	确认	绕	洒	杀
晒	善于	舍不得	设计	伸	升	生产
省略	胜利	失眠	失去	实践	实现	使劲

收获	属于	摔倒	甩	说服	思考	撕
损失	缩短	谈判	逃	逃避	套	提倡
体贴	体现	体验	调整	挑战	投资	推广
推荐	完善	危害	威胁	违反	围绕	吸收
显得	显示	相关	想象	象征	消费	消化
孝顺	欣赏	行动	形成	形容	休闲	修改
叙述	宣布	宣传	训练	延长	移动	议论
迎接	应付	应用	预报	预订	预防	运用
赞美	造成	责备	展开	涨	掌握	招待
召开	针对	争论	争取	征求	睁	指导
指挥	制定	制作	主持	主张	注册	转变
转告	装	装饰	追求	咨询	自觉	综合
阻止	组合	遵守				

注：词汇表中有些词语有多个词性，如"收获""主张"等，这类词常以动词词性出现在考试中。

★ 重点词语搭配及例句

1. 爱惜：~时间 / ~东西 / 很~ / 不~ / 特别~

   例句：要爱惜时间，时间就是我们的生命。

2. 保持：~现状 / ~水土 / ~冷静 / ~中立 / ~警惕 / ~物价稳定 / ~联系

   例句：毕业以后，大家要互相保持联系。

3. 避免：~事故 / ~冲突 / ~麻烦

   例句：为了避免个别同学偷看其他同学的卷子，试卷一般分为A、B两种。

4. 表明：~态度 / ~决心 / ~立场 / ~观点

   例句：在离开父母去中国留学之前，我向他们表明了我的决心：我一定学成归来，继承他们的事业。

5. 采取：~措施 / ~方针 / ~政策 / ~方法 / ~主动 / ~（积极）态度

   例句：教育孩子要采取积极的教育方法。

6. 成立：～共和国／～公司／公司～了／条件～

   例句：中华人民共和国于1949年10月1日成立。

7. 承担：～风险／～损失／～责任／～任务／～义务／～费用

   例句：我们公司这次承担了很大的损失。

8. 承认：～错误

   例句：勇于承认错误是负责任的表现。

9. 承受：～考验／～痛苦／～压力

   例句：这种精神压力是一般人难以承受的。

10. 持续：～高温／～干旱／～了千年／雨～下了三天／～不停

    例句：我们两国的文化交流持续一千多年了。

11. 充满：～笑声／～信心／～力量／～激情

    例句：对于未来，我充满信心。

12. 处理：～问题／～日常事务／依法～／～不当／受到～

    例句：公司对他的处理有些不当。

13. 传播：～消息／～花粉／～疾病／～知识／～信息／～开／广泛～

    例句：这个消息很快就传播开了。

14. 创造：～条件／～成绩／～新纪录／～奇迹

    例句：他在这次奥运会上创造了一项新的世界纪录。

15. 从事：～工作

    例句：他从事了一项适合自己的工作。

16. 促进：相互～／～改革开放／～生产／～学习／～工作／～发展／～教育进步

    例句：改革开放促进了中国各项事业的发展。

17. 存在：～分歧／～问题／～现象

例句：这项分析报告里还存在着许多问题。

18. 导致：～后果

    例句：你的这次错误行为导致了很严重的后果。

19. 度过：～一生／～假期／～生日

    例句：我在中国度过了我二十岁的生日。

20. 对待：～老师／～学生／～朋友／～顾客／～工作／～学习／认真～

    例句：我们应该认真对待顾客的批评。

21. 发挥：～聪明才智／～作用／～积极性／～水平／～不出来

    例句：英语在国际交往中发挥着重要的作用。

22. 妨碍：～交通／～别人／～学习／～工作

    例句：这辆车停在这里真是妨碍交通。

23. 分配：～食物／～人力／～任务

    例句：老师给每位同学都分配好了任务。

24. 分析：～问题／～形势／～状况／～趋势

    例句：经过这次事件，我们应该好好分析一下问题出在哪里。

25. 改进：～工作／～技术／有所～

    例句：最近你们的工作有很大改进，老板很满意。

26. 改善：～生活／～环境／～关系／～条件

    例句：近年来两国的关系有了很大的改善。

27. 贡献：～了很多／～力量／～给人民

    例句：他为祖国航天事业的发展贡献了一生。

28. 构成：～犯罪／～条件

    例句：他这样的行为已经构成了犯罪。

29. 鼓舞：很受～／受到～／～我／～人心／～士气／～人民

例句：这个好消息鼓舞了士气。

30. 观察：～地形 / ～动静 / ～问题 / ～能力 / ～天气 / 仔细～ / ～情况 / 据～ / ～现象

    例句：要培养小孩子对事物的观察能力。

31. 忽视：～安全 / ～锻炼 / 不应～ / 不可～

    例句：我们不应忽视工作中的细节。

32. 怀念：～家乡 / ～亲人 / ～朋友 / ～先烈 / ～生活

    例句：我十分怀念大学时代的生活。

33. 缓解：～病情 / ～交通拥堵 / ～疲劳

    例句：到户外散散步有助于缓解疲劳。

34. 恢复：～健康 / ～秩序 / ～原状

    例句：经过一个月的治疗，他终于恢复了健康。

35. 纪念：题字～ / ～先烈 / ～会 / ～碑 / ～塔 / ～品

    例句：为了纪念结婚40周年，他们决定去旅行。

36. 建立：～政权 / ～基地 / ～功勋 / ～邦交 / ～共和国 / ～公司

    例句：我的朋友建立了一家公司，请我去当总经理。

37. 讲究：～方式 / ～方法

    例句：无论做什么事情都需要讲究方式方法。

38. 接触：～群众 / ～新鲜事物

    例句：只有多接触新鲜事物才能不落后于时代。

39. 尽力：～支持 / ～帮助 / ～支援 / ～而为

    例句：有困难你就提出来，我们会尽力想办法帮你解决的。

40. 具备：～才能 / ～能力 / ～本领 / ～条件

    例句：这个工作要求具备熟练运用外语的能力。

41. 克服：~困难 / ~缺点 / ~片面性 / ~恐惧心理 / ~一下

    例句：怎样才能克服对考试的恐惧心理？

42. 控制：~人口增长 / ~局面 / ~不住 / 自动~

    例句：这里的全部设备都是由电脑自动控制的。

43. 利用：~水力 / ~废物 / ~资源 / ~资金

    例句：这些废纸可以再次利用。

44. 面临：~困难 / ~危险 / ~问题 / ~挑战 / ~毕业

    例句：上大四了，我们马上就要面临找工作的问题了。

45. 培养：~学生 / ~青少年 / ~留学生 / ~人才 / ~接班人

    例句：十年来，这个学校已经培养了近万名留学生。

46. 赔偿：~损失 / 照价~ / ~不起 / 不予~

    例句：这次事故不是公司的责任，因此公司不负责赔偿损失。

47. 佩服：值得~ / ~他 / 让人~

    例句：只学了一年汉语就考过了HSK六级，他努力学习的精神让人佩服。

48. 配合：~完成 / ~表演

    例句：这次演出，他的任务就是配合表演。

49. 破坏：受到~ / ~公物 / ~树木 / ~家具 / ~环境 / ~名誉 / ~团结 / ~协定

    例句：在公共场合吸烟是破坏环境的行为。

50. 启发：~大家 / ~学习的积极性 / ~心智 / ~我 / ~式教学

    例句：一本好书可以启发一个人的心智，甚至可以影响他的一生。

51. 强调：~重要性 / ~客观原因

    例句：在具体谈这件事情之前，我必须强调一下这件事的重要性。

52. 轻视：~安全 / ~要求 / ~别人

例句：在生产中一定不能轻视安全。

53. 缺乏：~经验 / ~锻炼 / ~实践 / ~人才 / ~语言环境

    例句：在国内学习外语，最大的问题是缺乏语言环境。

54. 善于：~交际 / ~辞令 / ~组织 / ~钻营

    例句：他善于组织，选他做班长比较合适。

55. 设计：~方案 / ~图纸

    例句：他们小组的设计方案得到了客户的认可。

56. 实践：~活动 / 社会~ / 通过~ / ~出真知

    例句：许多道理只有通过实践才能明白。

57. 实现：~梦想 / ~计划 / ~目标 / ~愿望 / ~祖国的统一

    例句：他的梦想终于实现了。

58. 思考：用心~ / 独立~ / ~问题 / 反复~ / 周密地~

    例句：反复思考后我做出了这个决定。

59. 逃避：~现实 / ~责任

    例句：每个公民都不应该逃避保护环境的责任。

60. 提倡：~优良作风 / ~观念

    例句：现在全球都在大力提倡环境保护的观念。

61. 体现：~出来 / ~了时代精神

    例句：这幅画体现了画家对大自然的热爱。

62. 调整：~价格 / ~人力配置 / ~时间

    例句：由于市场不稳定，商家们纷纷调整商品的价格。

63. 挑战：~自我 / ~新纪录

    例句：运动员们不断挑战自我，创造出一个又一个奇迹。

64. 推广：~先进经验 / ~新技术

例句：为了提高效率，我们需要推广先进的技术和经验。

65. 完善：～设备／～制度／～管理／～法律

    例句：我们公司的规章制度需要完善。

66. 危害：严重～／～生命／～治安／～健康／～性

    例句：吸烟危害健康，你还是戒了吧。

67. 威胁：～安全／～利益

    例句：犯罪分子的行为已经威胁到了公民的利益。

68. 显示：～威力／～才能／～出来

    例句：这次活动显示出他的领导才能。

69. 象征：～光明／～爱情

    例句：在中国，红色象征着喜庆吉祥。

70. 欣赏：～表演／～名画／～音乐／～美景／～雪景

    例句：我欣赏不了这个画家的画儿。

71. 形成：～局面

    例如：经过他这么一闹，形成了难以收拾的局面。

72. 宣布：～命令／～名单／～成绩／～结果／～成立／～开始

    例句：校长宣布运动会正式开始。

73. 宣传：～政策／～交通法规／～好人好事／大肆～／～工作／～部门／～部长

    例句：他热心助人的事迹应该好好宣传宣传。

74. 迎接：～客人／～新年／～挑战

    例句：董事长明天要去机场迎接一个代表团。

75. 应付：～领导／～检查／～考试／～过去／～了（liǎo）事／～不了／难～

    例句：这几天事太多了，我一个人应付不过来，你来帮帮我吧。

76. 预防：～为主 / ～措施 / ～火灾 / ～疾病 / ～中暑 / ～交通事故

    例句：秋冬季节要特别注意预防火灾的发生。

77. 造成：～伤害 / ～后果 / ～损失

    例句：他的错误造成了公司的巨大损失。

78. 展开：～讨论 / ～竞赛 / 广泛～

    例句：关于这个问题，全班同学展开了讨论。

79. 掌握：好好～ / ～知识 / ～外语 / ～命运 / ～主动权 / ～方向

    例句：一定要把命运掌握在自己手里。

80. 针对：～问题 / ～某人

    例句：我们需要针对这个问题开一个研讨会。

81. 争取：～时间 / ～胜利 / ～提前完成 / ～主动 / ～冠军 / ～金牌

    例句：我们争取提前完成任务。

82. 制定：～法律 / ～规程 / ～政策 / ～制度

    例句：公司制定了严格的规章制度。

83. 转变：～思想 / ～立场 / ～态度 / ～看法

    例句：来到中国以后，我对中国的看法有了很大的转变。

84. 追求：～真理 / ～进步 / ～利润 / ～名利 / ～她 / ～知识

    例句：我追求了她三年，她始终没答应跟我结婚。

85. 遵守：～法律 / ～纪律 / ～制度 / ～时间 / ～交通规则

    例句：遵守国家的法律是每一个公民的义务。

拆——房子 抄——作业 炒——菜 闯——天下 牵——牛
盖——被子 捡——树叶 救——火 露——一手 飘——雪花

★ 动词训练

第一组

用下列词语填空。注意有 10 道题，12 个词语。

    促进   避免   承担   逃避   争取   观察

    改善   维护   破坏   耽误   爱惜   赔偿

1. 我们要 _____ 公共财产。

2. 这件事你要好好跟他解释，_____ 产生误会。

3. 小明没有按照要求工作，只好自己 _____ 后果。

4. 为了 _____ 生活，许多农民离开家乡到城市打工。

5. 化学老师做实验，要求我们在一旁认真 _____ 物质的变化。

6. 灾害发生后，受伤的人们从保险公司得到了 _____ 。

7. 士兵首先 _____ 了敌人的通信系统，使敌人无法正常联系。

8. 我们应该遵守交通规则，_____ 公路的正常秩序。

9. 快迟到了，我们走快点儿，别 _____ 了上课。

10. 在这次篮球比赛中，我们班要 _____ 拿第一。

第二组

用下列词语填空。注意有 10 道题，12 个词语。

    沟通   讲究   造成   怀念   提倡   持续

    采取   形成   处理   调整   研究   善于

1. 毕业工作后，我总是 _____ 学校的时光。

2. 这座公寓里的居民都很 _____ 卫生，不乱扔垃圾。

3. 班主任讲，中国学生在课堂上不 _____ 提出问题，而美国学生总爱问为什么。

4. 中国人一直在 _____ 节约的传统。

5. 太热了，高温天气已经 _____ 一周了。

6. 相信我，我想我自己可以 _____ 好这个问题。

7. 雨过天晴以后，阳光照在天空中圆圆的水珠上，_____ 一道美丽的彩虹。

8. 那个骑自行车的人没有遵守规则，闯红灯，_____ 了严重的后果。

9. 他汉语还不是太好，和中国人 _____ 起来有些困难。

10. 面对即将到来的大考，他去找心理医生帮助自己 _____ 情绪。

第三组

用下列词语填空。注意有 10 道题，12 个词语。

| 妨碍 | 控制 | 实现 | 遵守 | 面临 | 危害 |
| 嘱咐 | 掌握 | 承受 | 具备 | 应聘 | 导致 |

1. 今年，公共场合已经全部禁止吸烟，因为吸烟 _____ 自己和他人的健康。

2. 下飞机后，玛丽高兴得不得了，因为来中国的愿望终于 _____ 了。

3. 在中国，坐电梯时，要站在右侧，不要 _____ 有急事的人通过。

4. 蜡烛 _____ 不住大风，一下就灭了。

5. 要 _____ 制度，这样公司才能很好地运转。

6. 如果不能 _____ 足够的词汇，就很难准确表达自己的观点。

7. _____ 这么多困难，难怪他会离开呢！

8. 你是本科生，还不 _____ 做这份工作的资格。

9. 明天我要去一家公司 _____，要做些什么准备呢？

10. 母亲 _____ 女儿旅行时要注意安全。

答案

第一组： 1. 爱惜　2. 避免　3. 承担　4. 改善　5. 观察
　　　　 6. 赔偿　7. 破坏　8. 维护　9. 耽误　10. 争取

第二组： 1. 怀念　2. 讲究　3. 善于　4. 提倡　5. 持续
　　　　 6. 处理　7. 形成　8. 造成　9. 沟通　10. 调整

第三组： 1. 危害　2. 实现　3. 妨碍　4. 承受　5. 遵守
　　　　 6. 掌握　7. 面临　8. 具备　9. 应聘　10. 嘱咐

提示：一些动词因为意思相近，往往很难区分，如"形成""造成"。但在五级考试中，给出的选项一般不出现近义词，所以，你只需要明白词语的意思、知道词语的常用搭配，就可以找出正确答案。同样，这三组题目也在考查你对动词的掌握情况。如果你做的时候非常困难，或者错了很多，请把动词和动词的词语搭配（第36—43页）再复习一下。

（三）形容词填空题

1. 形容词的类别

	类别	例词
形容词	性质形容词	大、老、胖、漂亮、干净、狡猾、惭愧、熟练
	状态形容词	雪白、草绿、热乎乎、冷冰冰、绿油油

2. 例题及解析

样题 51.

儿子和邻居说的话明明是一样的，只是因为亲疏有别，富人对他们的态度就完全_____。

A 相反　　　　B 固定　　　　C 悲观　　　　D 相关

解析　　答案是 A。从故事的叙述中可以明显看出富人对儿子和邻居的态度是完全不同的。四个选项中只有"相反"的意思是完全不同。

真题三 56.

第二天晚上，周宏特意准备了 10 道难度降低了的题目，再让女儿做，结果一下做对了 5 道。他又鼓励女儿说："天哪，你真是太_____了！一天之内，你可以进步这么大！"

A 专心　　　　B 意外　　　　C 不要紧　　　　D 了不起

解析　　答案是 D。从这一小段文字来看，周宏一直在夸女儿，所以选"了不起"。因为是说女儿做对的题目多，所以不能选同样表示肯定态度的"专心"。

真题一 51.

一天，电视里又播放足球比赛，丈夫坐在电视机前一动也不动，妻子跟他说话他也好像没有听到。年轻的妻子非常_____，她哭着回到自己的妈妈家。

A 平静　　　　B 着急　　　　C 生气　　　　D 担心

解析 答案是 C。从文字内容来看，特别是后面还有她"哭"的情节，应该选"生气"。

真题四 47.

有一个年轻人在一家公司做得很出色，他为自己设计了一个美好的未来，对前途充满信心。然而这家公司突然因为某些原因破产了，这位青年变得很悲观，认为自己是世界上最不幸、最_____的人。

A 善良　　　　B 谨慎　　　　C 糟糕　　　　D 倒霉

解析 答案是 D。年轻人遇到的是不好的事情，前面又有并列的"不幸"一词，所以选"倒霉"。"糟糕"一般用来说事情，不说人。

真题五 51.

胆小和勇敢，就好像白银和黄金，人们重视黄金，但并不是说要否定白银。如果你是个战士，胆小_____是缺点；但如果你是个司机，胆小则是优点。

A 显然　　　　B 居然　　　　C 竟然　　　　D 依然

解析 答案是 A。"显然"表示显而易见，而且只有这个答案是形容词，别的都是副词。由此可以看出，个别题目的选项也有词性不一样的情况。不过，这四个词的意思相差较大，只要你大致读懂了文字，就可以选对答案。

在 HSK（五级）考试中，对形容词的考查以词义为主，而且考试中的选项词义大多相差比较大。所以，大致读懂文章以后，基本上就能做对题目。建议你掌握五级全部形容词，特别是下面列出的重点词语。

3. HSK（五级）阅读关键词汇（形容词）

宝贵	保险	悲观	惭愧	彻底	沉默	诚恳
充分	抽象	出色	单纯	单调	独立	独特
多余	恶劣	发达	繁荣	疯狂	干脆	个别
公开	公平	古典	固定	广泛	过分	好奇
合法	合理	糊涂	慌张	活跃	激烈	寂寞
坚决	坚强	艰巨	艰苦	狡猾	结实	紧急
谨慎	具体	均匀	可靠	可怕	刻苦	客观
乐观	了不起	灵活	秘密	密切	苗条	明确
明显	模糊	陌生	偶然	疲劳	片面	平等
平衡	平静	迫切	谦虚	强烈	巧妙	亲切
全面	热烈	热心	弱	傻	善良	深刻
神秘	生动	时髦	时尚	实用	舒适	熟练
丝毫	坦率	特殊	统一	痛苦	痛快	透明
突出	唯一	委屈	温暖	温柔	文明	稳定
无数	显然	相似	形象	幸运	虚心	迅速
严肃	业余	一致	遗憾	意外	英俊	拥挤
优美	悠久	犹豫	有利	糟糕	周到	专心
自豪	自私					

注：词汇表中有些词语有多个词性，如"保险""形象"等，这类词经常以形容词词性出现在考试中。

★ 形容词训练

第一组

用下列词语填空。注意每个空仅填一个词语。

坚强	虚心	坦率	诚恳	乐观
悲观	稳定	自豪	谨慎	严肃

1. 虽然考试失败了，但他并不 _____ 。

2. 看着他 _____ 的表情，谁也不好意思再怀疑他了。

3. 张海迪是一位非常 _____ 的女士，不管遇到什么困难，从不向命运低头。

4. 虽然他为许多病人做过这样的手术，但是每一次他都像是第一次那样小心 _____ 。

5. 刚失恋的小赵受到室友 _____ 情绪的影响高兴起来。

6. 小华的 _____ 使他在新的班级很快交到许多朋友。

7. 汤姆有一份 _____ 的高收入，他很满足。

8. 我希望父母有一天能为我取得的成绩 _____ 。

9. 学习中遇到自己不明白的问题，一定要 _____ 向别人请教。

10. 一听到这句话，他充满笑容的脸马上变得 _____ 起来。

第二组

用下列词语填空。注意每个空仅填一个词语。

| 平静 | 尖锐 | 独特 | 过分 | 激烈 |
| 惭愧 | 巧妙 | 神秘 | 荣幸 | 痛快 |

1. 没能完成任务，他心里 _____ 极了。

2. 展览会上，他的 _____ 设计让所有的观众记忆深刻。

3. 能参加这样大型的活动，我感到非常 _____ ，谢谢您给了我这样的机会。

4. 这幅画虽然画得不够好，但你把它说得一文不值，也未免太 _____ 了。

5. 经过 _____ 辩论，我们系终于取得了这次辩论赛的第一名。

6. 资源浪费成了现代社会越来越 _____ 的问题。

7. 运动会已经结束，同学们激动的心情却久久难以 _____ 。

8. 在这个动画片中，猫捉老鼠时，老鼠总是能 _____ 地逃脱。

9. 当你真正了解了彩虹之后，你会发现，其实它并没有想象中那么 _____ 。

10. 他 _____ 地把杯中的酒一口喝完了，赢得了在场所有人的叫好声。

第三组

用下列词语填空。注意每个空仅填一个词语。

| 显然 | 客观 | 恶劣 | 彻底 | 密切 |
| 充分 | 片面 | 强烈 | 单纯 | 相似 |

1. _____ 改正错误才能走上正确道路。

2. 由于复习得很 _____ ，他考试取得了很高的分数。

3. 小莉是个思想 _____ 的人，所以这件事情一定不是她做的。

4. _____ 的天气导致马路变成了小河，车都被堵在路上，许多人只能步行回家。

5. 要 _____ 地看待问题，不能凭你的主观想象。

6. 小花和小华在乒乓球双打比赛中，通过 _____ 的配合取得了优异的成绩。

7. 要认真地思考问题，全面调查，不能只听个别人的 _____ 说法。

8. 海边的太阳光十分 _____ ，尤其是正午，你去之前最好涂点儿防晒霜。

9. 这次的饭做得比上次好吃，_____ 她的厨艺进步了。

10. 这两个人长得非常 _____ ，应该是兄弟。

答案

第一组：1. 悲观　2. 诚恳　3. 坚强　4. 谨慎　5. 乐观
　　　　6. 坦率　7. 稳定　8. 自豪　9. 虚心　10. 严肃

第二组：1. 惭愧　2. 独特　3. 荣幸　4. 过分　5. 激烈

	6.尖锐	7.平静	8.巧妙	9.神秘	10.痛快

第三组：1.彻底　2.充分　3.单纯　4.恶劣　5.客观
　　　　6.密切　7.片面　8.强烈　9.显然　10.相似

（四）副词填空题

1. 副词的类别

	类别	例词
副词	时间副词	马上、从来、一向、一直、忽然、曾经
	程度副词	很、非常、最、挺、怪、极、有点儿
	范围副词	都、全都、凡是、大都、单、光、只
	否定副词	不、没（有）、别、甭、不要
	重复副词	常、常常、又、再三、一再、重、重新
	语气副词	到底、究竟、简直、反正、几乎
	情态副词	悄悄、默默、亲自、互相、渐渐、特意
	关联副词	就、便、却

2. 例题及解析

真题二 46.

医生为了说明饮酒的坏处，把两条一样的小虫_____放进装酒和装水的瓶子里。放在酒里的那条小虫很快就死了，而放在水里的那条一点儿事也没有。

A 反复　　　　B 分别　　　　C 互相　　　　D 仍然

> **解析**　答案是B，因为前面有"两条虫"，所以"分别"可以在句子中修饰动词"放"，并且和后面提到的两个瓶子相呼应。"反复"表示动作不止一次，"仍然"表示与前面所述动作完全一样。

真题五 46.

有个楚国人乘船渡江，一不小心，把自己的剑掉进了江里。他 _____ 在船上刻了一个记号，说："我的剑就是从这儿掉下去的。"

A 始终　　　　　B 陆续　　　　　C 未必　　　　　D 急忙

解析　答案是 D。从句子的意思上看，"刻一个记号"时间不长，所以 A 不对；也没有提到许多人，所以 B 也不对；从他的话中可以知道，C 也不对。因为船是运动的，所以他要快点儿刻上记号，因此选 D。

真题五 59.

人一定要学会用你拥有的东西去换取 _____ 重要的东西。

A 简直　　　　　B 再三　　　　　C 片面　　　　　D 更加

解析　答案是 D。从句子的意思上来看，前面是"东西"，后面还是"东西"，有比较的意思。

真题三 55.

第二天晚上，周宏 _____ 准备了 10 道难度降低了的题目，再让女儿做，结果一下做对了 5 道。他又鼓励女儿说："天哪，你真是太了不起了！一天之内，你可以进步这么大！"

A 特意　　　　　B 逐步　　　　　C 分别　　　　　D 始终

解析　答案是 A。前文主要讲周宏为女儿准备了 10 道题，结果女儿做错了 9 道，但是周宏却对女儿大加称赞，从后面一句话也可以看出来，周宏准备难度降低了的题目是为了鼓励女儿,因此周宏是有目的地准备,所以选择"特意",其他选项的意思都与文章内容不符。

3.HSK(五级)阅读关键词汇(副词)

HSK(五级)考试比较关键的副词有下面的这些词,虽然数量不是很多,但在句子中的作用非常重要,所以应该全部掌握。

毕竟	便	不见得	曾经	单独	的确	反而
反正	仿佛	非	分别	纷纷	赶紧	赶快
格外	根本	何必	基本	急忙	简直	居然
立即	立刻	连忙	临时	陆续	宁可	悄悄
始终	似乎	随时	未必	幸亏	一旦	依然
再三	照常	至今	逐步	自动	总共	

★ 副词训练

第一组

用下列词语填空。注意每个空仅填一个词语。

仿佛　　的确　　陆续　　毕竟　　何必

1. 他 _____ 是个小孩子,你就不要生他的气了。

2. 这 _____ 是东汉末年的艺术品,我没有骗你。

3. 他从我身边走过,_____ 不认识我似的。

4. 大家都是好朋友,_____ 要在这些小事情上不停地争论呢?

5. 下课了,同学们 _____ 走出教室。

第二组

用下列词语填空。注意每个空仅填一个词语。

逐步　　居然　　简直　　宁可　　似乎

1. 他 _____ 自己吃亏，也不亏待别人。

2. 他 _____ 了解了这个字的意思，但是又说不出来。

3. 拯救大熊猫的工作 _____ 开展起来了。

4. 屋子里热得 _____ 待不住。

5. 我真没想到他 _____ 会做出这种事来！

答案

第一组：1. 毕竟　　2. 的确　　3. 仿佛　　4. 何必　　5. 陆续

第二组：1. 宁可　　2. 似乎　　3. 逐步　　4. 简直　　5. 居然

（五）句子填空题

1. 句子的类型

	类别	例句
句子	陈述句	今天天气很热。/ 她不会不同意的。
	疑问句	谁叫你来的？/ 行人过马路要看红绿灯，这难道你不知道吗？（不需要回答）
	祈使句	不要吸烟。/ 请说普通话。
	感叹句	秋天的风景多么优美啊！/ 今天真热啊！

2. 例题及解析

真题三 51.

……这种梦代表你错过了人生的一次机会，当人们面对重要的选择而犹豫的时候，常做这种梦。再有，_____，可是却发现自己根本读不懂考试的题目。这种梦说明你正面临挑战，但是你还没有做好准备。

A 当你加班的时候　　　　　　B 一次重要的考试结束后
C 有时候我们会梦见参加考试　D 如果你梦到和朋友去郊区旅游

解析 答案是 C。这段话的主要内容是"梦"，所以没有涉及梦的 A、B 两项不对。D 说到了旅游，而下文说的是考试。

真题二 58.

警察站在一个新的路口，准备迎接第一辆通过的汽车。市政府规定，第一辆汽车的驾驶者，可获得 1000 元的奖金。

一辆汽车飞快地开到这里，警察向驾驶者宣布了这个决定后，顺便问了一句："先生，您得到了这笔钱，_____？"

驾驶者不假思索地答道："首先，我要去领一个驾驶执照。"

A 最想感谢谁　　　　　　B 一定十分激动吧
C 准备用它来做什么　　　D 是否考虑换一辆车

解析 答案是 C。这是给出了回答要你选择问题的题目，从回答来看，驾驶者讲的是拿到钱后去干什么，所以选 C。

样题 54.

相传在古代，人们为了吓走凶猛的野兽，就在自己的脸上画上不同的图案，这就是"变脸"的由来。后来，川剧把"变脸"搬上了舞台，_____。

A 尽管投入了很多精力　　　B 逐渐失去了它的魅力

C 表演方式需进一步改进　　　　D 使它成为一门独特的艺术

解析　答案是 D。"后来"之前讲的是"变脸"艺术的由来，之后讲的是"变脸"艺术是如何在舞台上表演的，由此可知，"后来"这一句是一个过渡的句子。只有选项 D 最合适。

样题 50.

儿子跟他说："快把墙修好吧，不然会有人来家里偷东西的。"隔壁的老人也这么劝他，但富人觉得不要紧，就没有去修。结果当天晚上，_____。

A 屋子又开始漏雨　　　　　　B 邻居们都来敲门
C 他家里就丢了很多东西　　　D 他和儿子一整晚都没有睡着

解析　答案是 C。根据故事情节，当天晚上发生的事应该是与富人没有听取别人的意见，没有把墙修好有关，因为没有修墙，所以丢了东西，因此选项 C 最符合逻辑和故事情节的发展。

从以上分析可以看出，填句子的题目可分为两类，一是陈述句，二是疑问句。在做题的时候，首先，你需要明白前后句的意思，也要明白这一段在讲什么；其次，要明白上下句的关系：是问答，是故事中的情节，还是故事最后的总结；最后，看上下句有没有关联词。这样，你基本上就能选出答案了。最后，把你选好的答案放到文章中读一读，感觉一下是否顺畅。

★ 句子填空训练

第一组：陈述句

1. 今年夏季，中国北方大部分地区出现大到暴雨，许多城市积水严重，严重影响了人们的正常生活。可见，城市面对天气灾害时，_____。

  A 应对措施不足   B 完全没有解决方案

  C 工程师不能解决   D 专家无法解释

2. 在北京旅行，如果想看古典式的风景，可以先去爬长城，然后逛小胡同，参观四合院；如果想寻找现代的风景，可以到国贸附近，看看CBD（中央商务区）中心、中央电视台大楼，再去奥林匹克森林公园走走。总之，_____。

  A 北京是个有着悠久历史的城市   B 北京是一个古典的城市

  C 北京是一个现代的城市   D 北京是一个古典而现代的城市

3. 上周，朋友送我两张国家大剧院的京剧演出门票，我高兴得不得了。_____，我会更加高兴。

  A 万一你不去   B 要是你跟我一起去

  C 假如你很忙   D 如果你没有时间去

4. 我有吃完晚饭以后到附近的公园走走的习惯，几乎每天都这样，就像是每天都要吃三餐。假如下雨了，_____。

  A 公寓不会淋雨   B 公园有点儿远了

  C 也会在公寓的楼道里走走   D 居然在公寓里走走

5. 明天上午九点，我们准时在学校对面的邮局门口集合。住在西城区的要提前一刻钟出门；东城区的要提前半个小时；海淀区的最远，_____。

  A 提前一个小时不要紧   B 不需要提前一个小时

　　　　C 怪不得提前五分钟了　　　　D 要提前一个小时

6. 下周要考试，学习压力有点儿大，夜里总会失眠。昨天上午，我去看了中医，医生开了一些中药。服过两次药，_____，我想会有变化的。

　　　　A 效果如何还不知道　　　　B 完全没有效果
　　　　C 一下子就知道　　　　　　D 中药太苦了

7. 玛丽的休闲方式很特别，用课余时间养一些花花草草。回到公寓就给花儿浇水，但是有一棵海棠花慢慢变黄了。原来，花儿除了水，_____，于是玛丽就把花儿搬到阳台了。

　　　　A 花儿不喜欢阳光　　　　　B 不需要太多阳光
　　　　C 还需要充足的阳光　　　　D 花儿不喜欢太多水

8. 刚才来学校的路上碰到一个老同学，他在采访人们对中国高铁的看法，原来他应聘到一家报社了。_____，采访似乎可以全面地了解社会。

　　　　A 我不会太幸运　　　　　　B 我的愿望不是当记者
　　　　C 我不想做记者　　　　　　D 我觉得当记者很了不起

9. 明天下午没有课，听说有个讲座，讲中国传统文化。_____，你想去不？

　　　　A 反正吃过饭了　　　　　　B 反正没有时间
　　　　C 反正也不耽误课　　　　　D 反正还要上课

10. 上个月，汤姆刚被老板提为总经理，这两天，他又获得了出国留学的机会，而且由政府提供奖学金。_____。

A 汤姆简直是一个完美的人　　　　B 汤姆的确是一个幸运的人

C 汤姆未必就是幸运的　　　　　　D 汤姆不见得多幸运

题号	答案	题　解
1	A	由上文的内容只能推断出"城市面对天气灾害时，应对措施不足"，而不能得出 B、C、D 三项。
2	D	上文罗列了北京的古典风景和现代风景，所以选 D。
3	B	后一句强调"高兴"，所以选 B 符合逻辑。
4	C	上文强调"我"无论如何都坚持晚饭后散步，所以在下雨天，"我"也会"走走"，因此正确答案是 C。
5	D	前一个分句和后一个分句是并列的，与"住在西城区的要提前一刻钟出门；东城区的要提前半个小时"对应，所以要选 D。
6	A	从上下文的意思来看，说话人并不知道中药的效果如何，所以选 A。
7	C	这里考查的是你是否掌握上下文的意思，另外，"除了……还……"也是固定搭配。
8	D	从下句来看，是肯定做记者的好处，所以选 D。
9	C	上文提到"明天下午没有课"，所以选 C。
10	B	从上文来看，汤姆遇到的都是好事，所以汤姆是"幸运的人"。

第二组：疑问句

1. A：我们的中国文学课，每次上课都会请来一名嘉宾主讲。_____

　　B：我也不是太清楚，听说是北京大学的教授，等上课就知道了。

　　　　A 这次没有请吗？　　　　B 这次请的是谁啊？
　　　　C 这次请几位啊？　　　　D 难道这次不请了吗？

2. A：外面雾这么大，估计今天上班不能开车了，那么远，_____

　　B：你可以先坐公交车到地铁口，然后换乘 1 号线，虽然有点儿麻烦，但是比较快。

    A 我还要不要去公司？   B 我该怎么去公司啊？
    C 我不去公司了吧。   D 我还可以开车吗？

3. A：_____ 我认为不是这样，舍不得花工夫，什么事儿都难做成。
   B：嗯，是的。世上无难事，只怕有心人。

    A 汉语什么最难？   B 汉语这么难啊？
    C 汉语真的很难学吗？   D 汉语难在哪里？

4. A：上个星期，我们班一起去北京郊区的农村调查，_____
   B：嗯，是的，不过目前还在整理采访材料，估计一周以后才能完成。

    A 调查报告怎么样？   B 调查报告谁写啊？
    C 调查报告完成了吗？   D 调查报告是你写吗？

5. A：听说你们学校有家西式餐厅的意大利面很好吃，_____
   B：没问题。我也听说了，因为学校有四五家餐厅，就是不知道哪一家。

    A 你怎么帮我打听？   B 你可以帮我打听什么？
    C 你可以帮我打听打听吗？   D 我该怎么知道呢？

6. 记得十八岁那年我去领驾照，兴奋极了。教练却严肃地说："_____现在你只是能开车，还要虚心学习一两年才算真正会开车。"

    A 难道有驾照就算会开车了吗？   B 难道不可以开车了吗？
    C 什么时候能开车？   D 在什么地方开车呢？

7. A：公寓里新搬来一位法国人，就住在我们楼上。_____

   B：法语说"你好"，我还真没有学过。不过你们可以用英语交流，说不定他也会汉语呢！

   A 我可以用法语打招呼吗？　　B 你见过吗？

   C 你知道怎么用法语打招呼吗？　D 你会说法语吗？

8. A：街道上摆满了鲜花，到处挂满了国旗，是在庆祝什么节日吗？

   B：哦，原来你还不知道啊，中国的国庆节是十月一日，_____

   A 节日怎么这么多呢？　　B 这该怎么庆祝啊？

   C 我们庆祝什么呢？　　D 这不是马上就到了吗？

9. A：这个周六下午，我们去博物馆参观。_____

   B：在宿舍楼前。对了，时间改到三点了，别忘了。

   A 在哪里集合呢？　　B 怎么集合呢？

   C 什么时候集合呢？　D 难道直接在博物馆见？

10. 在中国旅行，我们经常乘坐火车，因为车票比较便宜，而且比较安全，还可以欣赏铁路沿线的风光。_____

    A 火车好在哪里呢？　　B 难道还有比火车更好的旅行方式吗？

    C 火车怎么这么慢呢？　D 火车为什么适合旅行呢？

题号	答案	题 解
1	B	回答的是"人"，所以问的应该是"谁"。
2	B	回答的是"路线"，所以问句的内容应该是问怎么走。
3	C	这是在一个人的话里有问有答，从下一句可以看出上一句问的问题。

（续表）

题号	答案	题 解
4	D	"嗯，是的"只能回答 C、D 两项，又因为答句"不过……"的内容与 C 项矛盾，所以正确答案是 D。
5	C	从回答来看，问句是在请别人帮忙，内容是找出一家好饭馆。
6	A	上文讲"领驾照"，下文讲"真正会开车"，联系上下文，应选 A。
7	C	从答句可以知道，问句应该是在问"法语'你好'怎么说"的问题。
8	D	问句的问题已经回答了，那么跟在上一句时间的后面只是强调时间，不需要回答，因此应该填入反问句。
9	A	回答是地点，所以问句应该是问"在哪里"。
10	B	前文说的是火车的好处，四个选项中 B 选项的意思是对前文的总结，反问句起强调的作用。

三、第一部分模拟测试

第 46–60 题：请选出正确答案。（注：请在 15 分钟内做完。）

46–48.

　　有个养花的人有着一流的养花技术，被人们尊称为"花王"，然而"花王"却常向人诉说心中的 <u>46</u>："我真不明白，我养花的技术这么好，我的儿子们为什么这么差？我从他们懂事起就向他们传授养花技术，我把长年辛辛苦苦 <u>47</u> 出来的经验，都毫无保留地传授给了他们，可他们的技术竟然比不上技术比我差的花农的儿子！"

　　一位路人听了他的诉说后，问："你一直亲手教他们吗？""是的，为了让他们得到一流的养花技术，我教得很仔细很有耐心，为了让他们少走弯路，我一直让他们跟着我学。"路人说："这样说来，你的错误就很 <u>48</u> 了。你只传授给了他们技术，却没传授给他们教训。"

46. A 思想　　　B 烦恼　　　C 智慧　　　D 情绪
47. A 想象　　　B 调整　　　C 制定　　　D 总结
48. A 具体　　　B 特殊　　　C 明显　　　D 激烈

49–52.

　　曾参照顾父母，尽心尽力。有一次，曾参的父亲叫他去洗碗，他把一只碗掉到了地上，碗碎了。父亲认为曾参干活不__49__，便用棍子打他。由于打得太重，把曾参打昏了。但曾参醒来后，并没有生父亲的气。孔子知道此事后__50__他说："父亲打得轻你就忍受，打得重你就逃走，你不逃走等着父亲发怒，让别人说你父亲不好，怎么能说你孝顺呢！再说，如果父亲在盛怒之下将你打死，就会让父亲承受恶名，造成一生的__51__。"曾参承认说："__52__！"

　　所以，我们不要死在文字里面，要知道变通，这样才能真正做一个孝顺父母的人。

49. A 专心　　　B 灵活　　　C 勤劳　　　D 虚心
50. A 疼爱　　　B 请求　　　C 配合　　　D 教训
51. A 智慧　　　B 遗憾　　　C 荣誉　　　D 事实
52. A 我没有错　　　　　　B 我不想孝顺父亲
　　C 我的罪真的很大啊　　D 是父亲做错了

53–56.

　　小天鹅听见一个老人在叫卖"一根毛__53__两只虫子"，就忍痛拔下一根毛换了两只虫子，美餐一顿。第二天，妈妈带着小天鹅在天空飞翔，妈妈说："等你羽毛丰满了就可以飞得更高更远，得到你所需要的一切。"小天鹅虽点头，但心中仍想着虫子的美味。第三天它一狠心拔下三根毛换了六只虫子，吃得非常高兴。之后，它成了老人的常客。不久，小天鹅发现自己飞翔的本领远__54__从前了，但由于吃虫的想法太__55__，它继续拔毛换虫。直到有一天 56 ……

53. A 赔偿　　　B 损失　　　C 寻找　　　D 交换
54. A 保持　　　B 不如　　　C 相当　　　D 对比
55. A 强烈　　　B 出色　　　C 高档　　　D 光荣
56. A 它飞得更高了　　　　　B 它的新羽毛又长出来了
    C 它再也飞不起来了　　　D 它去找妈妈了

57–60.

说假话可能会导致癌症、糖尿病、心脏病……你信吗？

研究 57 ，说假话除了会让人感到内心不安之外，还会使人体释放出一种应激激素。这种应激激素的增加会导致心跳和呼吸加快、消化变慢等问题。这些影响听起来 58 不那么严重，但是，一段时间后情况就会很糟糕，你可能会慢慢得上冠心病、中风和充血性心力衰竭等疾病。

那些经常说假话的人会发现，他们 59 比其他人有更多的健康问题。因此说假话很不值得。所以， 60 ，少说假话。

57. A 表现　　　B 实现　　　C 表明　　　D 提倡
58. A 必然　　　B 似乎　　　C 竟然　　　D 基本
59. A 明确　　　B 客观　　　C 干脆　　　D 明显
60. A 你最坏的选择是诚实　　　B 你最好的选择是诚实
    C 你最好什么也不说　　　　D 你不必什么都说出来

答案

46. B	47. D	48. C	49. A	50. D
51. B	52. C	53. D	54. B	55. A
56. C	57. C	58. B	59. D	60. B

四、阅读知识：复句与关联词语

句子按结构关系分为单句和复句。

单句是由短语或词构成的、有特定的语调、能独立表达一定意思的语言单位。

复句是由两个或两个以上的单句构成的句子。在复句中，单句称为分句。

（一）单句

1. 句子成分

一般来说，汉语的句子成分有六种——主语、谓语、宾语、定语、状语、补语。了解句子成分可以帮助我们掌握句子中词语的词序。

（1）主语　多由表示人或事物的词语充当，是句子里被陈述的对象，一般放在句首，能回答"谁"或者"什么"等问题。可由名词、代词、数词、名词化的形容词等来充当。

（2）谓语　是用来陈述主语的，能回答主语"怎么样"或"是什么"等问题。谓语一般放在主语的后面，可以由动词来充当。

（3）宾语　往往表示动作支配的对象，并且总是位于动词后面。可由名词、代词、数词等来充当。

（4）定语　是名词性词语的修饰成分。一般放在被修饰词的前面，可以由名词、形容词以及起名词和形容词作用的词、短语充当。

（5）状语　状语是动词性、形容词性词语的修饰成分。状语在句中的位置比较灵活，可以由副词、形容词、短语等来充当。

（6）补语　是动词、形容词后面的补充成分。补语放在中心语后面，多由形容词、数量词、趋向动词、介宾结构来充当。

2. 句子成分分析示例

（1）她（主语）非常着急地（状语）打听（谓语）王老师的（定语）电

话号码（宾语）。

（2）年轻的（定语）大学生们（主语）一定要（状语）学（谓语）好（补语）科学文化知识（宾语）。

（二）复句

1. 复句的类别

（1）根据组合方式的不同，复句可以分为两大类：

①由单句直接组合而成。如："爱生活，爱五道口。""老师走进教室，来到讲台前，认真地讲起课来。"这类复句靠分句间的语序来联系，没有关联词，其间的逻辑关系要根据上下文才能弄清楚。

②借助虚词组合而成。如："我们不仅要专心听讲，还要多动脑筋。""只要坚持锻炼身体，就能增强体质。"在这类复句中，分句之间的联系依靠关联词，而主要的虚词有连词和副词，还有部分起关联作用的短语，它们统称为关联词语。这类复句由于关联词语的作用，结构显得很严密。

（2）根据分句间的逻辑关系，复句可分为并列复句、承接复句、递进复句、选择复句、转折复句、因果复句、假设复句、条件复句、取舍复句等。

2. 汉语常用关联词语

关系	定义	常用搭配
因果关系	一个分句提出原因，另一个分句说明结果，这种关系的复句叫因果复句。	因为……所以……　既然……就…… 因此……　之所以……是因为……
并列关系	几个分句分别叙述或描写几件事情、几种情况，或者同一事情的几个方面，这种关系的复句叫并列复句。	一边……一边……　那么……那么…… 既……又……　一会儿……一会儿…… 一方面……一方面…… 有时候……有时候……

（续表）

关系	定义	常用搭配
转折关系	前一个分句提出一种情况，后一个分句不是顺着前一个分句的意思说下去，而是转到相反的意思上去，这种关系的复句叫转折复句。	虽然……但是……　尽管……可是…… 虽然……可是……　可是…… ……但……　　　　……却……
递进关系	后一个分句的意思比前一个分句更进一层，这种关系的复句叫递进复句。	不但……而且……　不仅……还…… 不仅……而且……　除了……还…… ……而且……
选择关系	几个分句分别说出几件事情，表示选择其中一件，这种关系的复句叫选择复句。	不是……就是……　要么……要么…… 是……还是……　　或者……或者……
假设关系	前一个分句提出假设，后一个分句说出假设实现后的结果，这种关系的复句叫假设复句。	即使……也……　　就算……也…… 要是……就……　　哪怕……也…… 如果……就……
条件关系	(1) 一个分句提出条件，另一个分句说出结果。	只要……就……　　只有……才……
	(2) 一个分句排除一切条件，另一个分句说明在任何条件下都会产生的结果。	无论……都……　　不管……总……
承接关系	几个分句依次说出连续发生的行为或事情，这种关系的复句叫承接复句。	首先……接着……然后……　……又…… ……就……　　　　……然后……
取舍关系	两个分句各说一件事，比较后表示采取一件，舍弃另一件，这种关系的复句叫取舍复句。	与其……不如……　宁可……也不……

第二部分　题解与练习

一、考点分析（题型与特点）

（一）HSK（五级）阅读第二部分一共有 10 个小题，每个题目由一段短文和四个备选语句构成。

（二）从语段字数来看，每段一般为 80—150 字。从体裁来看，语段多为说明文，也涉及一些短小的记叙文和议论文。

（三）在本部分的考题中，题干只是一段短文，没有一个具体问题提出来要求考生回答，不像有的阅读理解题目那样直接问"文章讲的是什么？""这篇文章告诉我们一个什么道理"等。这部分考题要求考生在所给的四个选项中找出与短文意思一致的一项。

（四）具体考点

1. 把握全局，对原文大意及中心的把握和判断；

2. 把握语段展开话题的叙述顺序，对原文结构的把握和判断；

3. 注重细节，对原文细节的把握和判断。

（五）本部分答题时间约为 10 分钟。

二、答题技巧与例题解析

（一）考点一：对原文大意及中心的把握和判断

在众多的答题策略和方法中，最重要的还是把握整段语料的大意，在宏观上了解作者要说的是什么。选项将文中的中心句直接给出的情况比较少，多数是略微变换了原文的说法，有时也需要考生自己简单归纳。

1. 可以找到文段大意的两种情况：

（1）直接给出：文段中有中心句，并且选项中也有与之相似或完全相同的句子。考生只需在快速阅读中，理解文段大意，找出文段的中心句即可选出正确答案。在本部分题目中，由于文段较短，中心句往往出现在文段首句或末句。这样，只要已经在文段中发现了与选项一致的句子，就可以直接选择，不必看其他选项，从而可以节省很多时间。这种题型相对简单，考试中并不常出现。

（2）间接给出：选项中的句子并不是原文的中心句，而是将中心句变换一种说法来作为正确选项，这种情况在本部分的考题中非常常见。例如：

样题62.

使用电子优惠券，已成为很多年轻人的消费习惯。相对于纸质优惠券，电子优惠券的优点很明显，不仅成本低，商家还可以根据用户下载优惠券的情况，分析消费者的消费习惯和兴趣，更准确地把握其需求。

A 纸质优惠券更方便

B 优惠券的使用期限很短

C 电子优惠券越来越流行

D 下载电子优惠券有一定风险

解析 答案是C。"电子优惠券越来越流行"就是文章中心句（文中画线的句子）的另外一种说法。

样题63.

人与人之间的关系就像花朵，不悉心照顾就会慢慢枯萎。与朋友保持长久关系的基本原则，就是不要失去联络。有时候，超过半年不与某个朋友联系，就有可能失去这段友谊。同时要谨记，不要等到需要帮助时才想起别人。

A 养花有很多讲究

B 要与朋友保持联系

C 要尽量帮助身边的人

D 跟朋友相处要诚恳坦率

解 析　答案是 B。原文要表达的重点意思就是不要跟朋友失去联络，也就是要与朋友保持联系。

样题 65.

专家指出，人们吃的酸性食物会附着在牙齿上，使牙齿表面的牙釉质软化，此时刷牙有损牙齿健康。所以，刚吃完饭尤其是吃过酸性食物的人，最好 30 分钟后再刷牙，这时牙齿的保护层已经恢复，牙齿就不容易受到损害了。

A 要注意保护嗓子

B 饭后不宜立即刷牙

C 刷牙次数不能过多

D 牙齿掉落要及时补牙

解 析　答案是 B。原文的重点意思是最好饭后 30 分钟再刷牙，也就是饭后不宜立即刷牙。

2. 要求考生自己简单归纳大意。

有时在文段中并没有中心句，而考查的却是文段的大意。这就需要考生自己做简单归纳。在通读了文段以后，如果你不能够找到与选项完全一致的中心句，这时就需要你在头脑中形成对整个文段的大致了解，知道说的是什么，从而选出能表达文段大意的一项。例如：

样题 68.

夏季气温高，人体消耗的水分比其他季节要多，需要及时补充。此时我们可以多吃一些瓜类蔬菜或水果，如冬瓜、黄瓜、南瓜和甜瓜等。这些瓜类蔬果的共同特征是含水量都在90%以上，同时，它们还有降低血压、保护血管等作用。

　　A 要注意营养均衡

　　B 瓜类蔬果成熟期长

　　C 夏季人的血压容易升高

　　D 夏季应多吃含水量大的蔬果

解析　答案是D。这段话是说明性的，提醒大家夏季多吃含水量大的蔬菜和水果。此题主要考查考生理解语段大意的能力。将语段通读一遍可以发现，选项D与全段要说明的意思完全一致，是正确答案。

样题66.

正如每个人都有自己的习惯一样，每个地方也都有自己独特的风俗，因此外出旅游时，每到一处，我们都应该"入乡随俗"，遵守当地的风俗习惯。这样不仅能表示对当地人的尊重，也有利于我们了解当地的民风民俗，或许还能从中得到意想不到的收获。

　　A 不要轻易离开家乡

　　B 出门旅行要考虑周到

　　C "入乡随俗"具有片面性

　　D 旅行中要尊重当地的风俗

解析　答案是D。全段主要说的是由于各地风俗不同，旅行时应当"入乡随俗"，即尊重当地风俗，以及"入乡随俗"的好处。由此可以归纳出"旅行中要尊重当地的风俗"这一全段主旨。

★ 习题训练

请判断给出的句子是否符合原文的意思。

1. 美国加利福尼亚州的"大鸿福"餐馆是美国著名的特色中国餐馆之一。这家餐馆也是挂有林云大师书法作品最多的美国湾区餐馆，大师的书法作品在这里随处可见，既祈福又有艺术观赏性，是餐馆每天客人很多的重要原因。

   "大鸿福"这家餐馆非常有中国特色。（ ）

2. 降低期待值的好处在于，当我们对对方没有了期待，我们的心境是平和的，不管对方的表现怎样，我们的情绪都不会有大的起落。没有大的起落，也就不会有大的落差。而对方如果稍微表现得好一点儿，就会带给我们一份意外的惊喜。

   降低期望值可能会给我们带来意外的惊喜。（ ）

3. "驴打滚"的制作不需要那么精细，只要把黄米粉或黄豆粉的柔软度控制好就行了，白糖加多加少则根据你喜欢的甜度。水要慢慢加入，不要一次全部倒进去。万一不小心倒得太多，面太软了，不要担心，可以再加些糯米粉进去，直到自己满意为止。

   驴打滚这种食品制作起来很麻烦。（ ）

4. 孩子因为注意力不集中影响成绩，常常被批评，这会直接影响他的学习成绩和人格发展，更会导致孩子出现低自尊无自信，甚至偏激的行为。

   应该批评孩子注意力不集中的行为，这样就不会出现偏激行为了。（ ）

5. 被逗笑是宝宝的感觉系统（视、听、触等）与运动系统（微笑）之间建立神经联系、形成条件反射的标志，是宝宝对你的笑容、逗引、爱抚做出综合性的主动回报。

被逗笑是宝宝做出综合性的主动回报。（　）

题号	答案	题　解
1	✓	原文第一句话就是文章主旨，选项换了一种说法。
2	✓	选项是对原文主旨的简单归纳。
3	✗	选项正好将原文主旨说反了。
4	✗	同上题。
5	✓	选项是对原文主旨的简单归纳。

（二）考点二：对原文结构的把握和判断

了解了文段的大意，还需要了解文段的大致结构是什么。我们把文段的结构按关联词语所起作用的不同分为两种：转折和引出论据。关联词语往往在支撑文段结构时起到重要的作用，所以必须掌握重要的关联词语。在阅读的时候，要特别注意这些关联词语在文章中起到的重要作用。

1. 关联词语表示语义转折。

这部分涉及的文段虽然简短，但很多时候前一句是人们普遍认为的显而易见的道理或说法，随后很快用一个表示转折的关联词语引出下文。这时，请大家注意，考题往往要说的真正内容是在这些关联词语之后的，那才是文段要表达的最重要的内容。

样题70.

某报社进行了"人类最糟糕的发明"评选活动，"荣获"此称号的就是我们每天大量使用的塑料袋。塑料袋*之所以*"糟糕"，*是因为*自然界的光、热和细菌等都很难将其降解。处理废弃塑料袋往往只能用土填埋或用火烧，*但是*填埋它们的土地，将很难再长出庄稼或树木；*而*焚烧塑料袋产生的有害烟尘和有毒气体，会对大气造成污染。

A 塑料袋不易处理
B 塑料袋结实耐用
C 要鼓励发明创造
D 保护环境是每个人的义务

解析 答案是 A。"之所以……是因为……"的内容，是塑料袋被评为"人类最糟糕的发明"的原因，也就是全段的重点，即塑料袋不易处理，自然界的光、热和细菌等都很难将其降解。文章介绍了填埋和用火烧两种处理塑料袋的方法，"但是"和"而"后面的内容又说明了这两种方法都有很大的危害，所以重点内容还是塑料袋不易处理。

真题二 61.

很多父母在教育孩子时往往都有自己的许多主张，而且都非常有道理。但是在实际生活中，他们又往往不能按照那些主张去做，他们的理由很简单：工作太忙，实在没有时间。

A 小孩子有很多想法
B 教育孩子其实很简单
C 许多家长没时间教育孩子
D 许多家长不知道该怎么教育孩子

解析 答案是 C。在这段话中，"但是"起到了重要的转折作用。说明下文要说的是与"很多父母在教育孩子时往往都有自己的许多主张"相反的话。正是这个"但是"引出了文章主旨：家长工作太忙，没有时间照顾孩子。

真题四 64.

冬天是一年中最寒冷的季节，很多植物没有了绿叶，一些动物会选择休眠，许多鸟儿飞到较为温暖的地方过冬。这个世界仿佛一下子安静下来了，<u>然而</u>，这所有的一切都是在为明年做打算。

A 冬季有很多节日

B 人们在冬天都很忙

C 冬天是一年中最长的季节

D 冬天是为来年做准备的季节

解析　"然而"一词起到了明显的转折作用，引出文章中心，冬天里植物和动物们的表现都是为了明年做准备的。因此，正确答案是 D。

2. 关联词语引出论据。

有些关联词语运用在段落中，能引出论据，从而起到支撑上文的说法，进一步展开话题的作用。例如：

样题 65.

<u>专家指出</u>，人们吃的酸性食物会附着在牙齿上，使牙齿表面的牙釉质软化，此时刷牙有损牙齿健康。所以，刚吃完饭尤其是吃过酸性食物的人，最好30分钟后再刷牙，这时牙齿的保护层已经恢复，牙齿就不容易受到损害了。

A 要注意保护嗓子

B 饭后不宜立即刷牙

C 刷牙次数不能过多

D 牙齿掉落要及时补牙

> **解 析** 答案是 B。"专家指出"引出论据，对文章的中心思想进行支撑。

★ 习题训练

请判断所给句子是否与原文意思一致。（提醒：要注意文章结构，特别是关联词语的运用。）

1. 湘西的冬季非常寒冷，农村人烤火的时间长，腊肉就挂在屋顶，因此制作腊肉的时间也长。做好的腊肉可以存放很长时间，一直能吃到第二年的冬天。湘西的腊肉没有美丽的外表，但却有丰富的"内容"。

   湘西地区的腊肉不仅外表好看，而且很好吃。（　）

2. 这里最著名的恐怕要算姜糖了，以各个姓氏命名的姜糖店非常多，而且有几家还上过电视台的专访节目。买一些回去送给朋友是个不错的选择，但要注意姜糖的保质期并不算长，千万别买太多。

   这里的姜糖常常是过期的，所以不要买太多。（　）

3. 虹桥可以说是古城的中心，但也是人最多的地方。只要避开虹桥，游人就会少很多。走在古城的小街上，我烦躁的心情逐渐平静下来。

   古城到处都有很多人。（　）

4. 据说由于市场竞争激烈，龙华茶楼的顾客越来越少。不过在政府的支持下，茶楼保留了完好的样子，吸引了不少人，因此比起其他茶楼，这里的文化很有自己的特点。

   龙华茶楼比较好地保留了原来的样子。（　）

5. 跟快乐的人相处会让你变得快乐，也会让你心态更放松。也许很多人愿意躲在屋子里，不和其他人接触，埋头干活儿，他们觉得只有这样时间才没有被"浪费",但事实上这会让他们变得情绪低落,工作效率也会大大下降。

对于躲在屋子里的人来说,时间没有被浪费。( )

题号	答案	题　解
1	×	原文结构中有"但"这个重要的转折词,说明腊肉不好看但好吃。
2	×	所给句子与语段中"但"后面的信息并不一致。
3	×	关联词"只要……就……"提示只有虹桥人多。
4	✓	"不过"后面的话正说明了"龙华茶楼比较好地保留了原来的样子"。
5	×	"但"连接前后句,说明"躲在屋子里的人"时间才真的被浪费了。

(三)考点三:对原文细节的把握和判断

本部分中,寻找细节,将备选答案与原文进行比较非常重要。这一类型的题目也非常多,在本部分涉及的 10 个题目中,基本每个题目的选项里都会有至少一至两项是关于细节的。这时如果你能够很快理解文章大意,并在选项中找出与大意相同或相近的选项,就会节省时间,正确作答。但是,如果没有关于文章大意的正确选项,那么只能细加比较,排除错误选项,选出关于细节的正确答案。

1. 注意原文中时间、地点、名称、数字等专有名词。例如:

真题二 62.

甲骨文大约产生于商周之际,是目前发现的中国最为古老的文字,它记录了大约 3000 年前中国人祖先的活动。但由于甲骨文是比较成熟的文字,所以专家们认为,中国文字产生的年代实际应该要更久远一些。

B 甲骨文产生于商周之前

解析　选项 B 是对时间细节的考查,要注意"之际"和"之前"的区别。显然,选项 B 不是正确答案。

真题五 63.

原本定在<u>周三</u>上午召开的会议因临时有事取消了，改在周五下午。我不得不翻开通讯录，一个一个地电话通知所有要参加会议的人。秘书工作就是这样，得随时准备着应对各种可能发生的变化。

A <u>周五</u>的会议取消了

解析 原文中会议召开的时间由周三改成了周五，而选项 A 将原定的会议时间改成了"周五"，显然是不对的。很多考题的选项细节可能在原文中出现过，但是因为调换了位置，实际上是不对的，考生的视线易忽视一些细节或把这些细节混淆在一起，请考生一定要注意。

真题五 65.

吐鲁番位于新疆中部，是中国葡萄主要生产基地，总产量占新疆的 <u>53%</u>，<u>是全中国的五分之一</u>。由于这里气温高，日照时间长，早晚温差大，地下水丰富，特别适合葡萄的生长，因而瓜果丰茂，水果的含糖量非常高。现有葡萄品种 500 多种，仅无核白葡萄就有 20 个品种，堪称"世界葡萄植物园"。

D 这里的葡萄产量<u>占全国一半</u>

解析 选项 D 是对数字细节的考查，该选项将原文中的"是全中国的五分之一"改成了"占全国一半"，显然是错误的。

所以，当短文中出现名称、地点、数字、日期等词语时，最好将此类词语标出，以重点提醒自己。当选项中出现此类词语时，一定要回到原文仔细比较，以便做出正确的选择。

2. 原文其他重点词语的变换。

如第 72 页的样题 66：

……每到一处，我们都应该"入乡随俗"，遵守当地的风俗习惯。

D 旅行中要尊重当地的风俗

解析　"遵守"和"尊重"，虽然变换了词语，但大致的意思并没有改变，所以选项 D 是正确的。

样题 69.

天一阁是一个以藏书文化为核心，集藏书的保护、管理、陈列、研究及旅游观光于一体的专题性博物馆，它也是中国现存最早的私人藏书楼。天一阁现收藏的各类古籍达 30 余万卷，此外，还有大量的字画、碑帖以及精美的地方工艺品，这些都是宝贵的文化财富。

D 天一阁是中国最早的博物馆

解析　关键词是"私人藏书楼"和"博物馆"，二者之间有差别，所以选项 D 不正确。

如第 74 页样题 70：

……是因为自然界的光、热和细菌等都很难将其降解。

A 塑料袋不易处理

解析　关键词是"降解"和"处理"，虽然替换了词语，但是大致意思并没有改变，因此选项 A 正确。

又如第76页的真题四64：

冬天是一年中最寒冷的季节，很多植物没有了绿叶，一些动物会选择休眠，许多鸟儿飞到较为温暖的地方过冬。这个世界仿佛一下子安静下来了，然而，这所有的一切都是在为明年做打算。

C 冬天是一年中最长的季节

解析 "最长"和"最寒冷"不同，所以选项C错误。

3. 注意肯定和否定句式的转换。

有时选项故意在原文的基础上进行肯定或否定句式变换，这时原意往往已经完全改变了，需要注意。

真题四68.

山西省位于黄河中游，黄土高原的东部，是中华民族文明的发祥地之一，历史悠久，源远流长，素有"中国古代艺术博物馆""文献之邦"的美称，保留有全国70%的地面古代建筑，旅游界因此说："十年中国看深圳，百年中国看上海，千年中国看西安，五千年中国看山西。"

A 山西的历史不长

解析 "历史不长"和原文中的"历史悠久"意思完全相反，选项A显然是错误的。

又如第79页的真题五65：

……特别适合葡萄的生长，因而瓜果丰茂，水果的含糖量非常高。

B 新疆的葡萄含糖量不高

> **解析** 葡萄的"含糖量不高"和原文中的"水果的含糖量非常高"意思相反，因此选项 B 错误。

4. 注意原文主语和宾语。

短文中有时涉及比较长的句子或比较复杂的主宾关系，这时我们一定要注意，当选项涉及对这些句子的理解时，往往会将原句变换为较短的句子。在变换的过程中，有时会偷换原文的主语或宾语，或者将原文的主语和宾语互换，造成混淆。

如第 75 页的真题二 61：

很多<u>父母</u>在教育孩子时往往都<u>有自己的许多主张</u>，而且都非常有道理。但是在实际生活中，他们又往往不能按照那些主张去做，他们的理由很简单：工作太忙，实在没有时间。

A <u>小孩子有很多想法</u>

> **解析** 原文中"有自己想法"一句的主语是"父母"，而选项 A 中将其改成了"小孩子"，因此是错误选项。

真题二 63.

按照饮食特点分，中国主要有四大菜系，即川菜、鲁菜、淮菜和粤菜。当然，其中最有名的，还是大家熟悉的川菜。<u>川菜</u>的突出特点是<u>麻和辣</u>，最正宗的川菜是成都和重庆两地的菜肴。如今川菜馆早已遍布世界各地，受到了人们的广泛欢迎。

C <u>中国菜</u>的特点是<u>麻和辣</u>

解析 选项 C 中将原文的主语 "川菜" 换成了 "中国菜"，所以是错误选项。

真题四 67.

用茶量的多少与消费者的习惯有密切关系。在中国西北部的一些少数民族地区，人们喜欢喝浓茶，并在茶中加糖、奶或者盐，每次茶叶用量也比较多。华北和东北广大地区的人们喜欢喝花茶，通常用较大的茶壶泡茶，但茶叶用量比较少。

A 花茶在南方更受欢迎

解析 原文中喜欢喝花茶的是 "华北和东北广大地区" 的人们，而选项 A 中将它替换成了 "南方"，显然是错误的。

真题五 69.

古时候，有位老人年纪很大了，在去世前，他把两个儿子叫到床前，说："你们俩骑马到西山，然后回来，谁的马跑得慢，财产就归谁。"两个儿子骑马出去，缓缓而行。一个行人看到后，觉得很奇怪，问明原因后，对两人说了一句话："你们何不把马换过来骑？"二人听后，换过马，相互追赶了起来。

D 老人去世前想要去西山

解析 原文中是老人想让 "两个儿子" 去 "西山"，而选项 D 则改成了 "老人" 想去西山，因此是错误选项。

5. 无关内容干扰。

为80—150字的短文设置四个备选答案时，命题人往往会设置一些无关内容作为干扰项。这些干扰项常常并未在文章中直接提及，但如果匆忙阅读文段且没有准确理解文段的意思，考生可能会根据以往经验随意推断，做出错误选择。

样题61.

机会之门开启之前，你无法判断它背后是成功还是失败。你要做的就是鼓足勇气敲开它，如果你只是站在门前犹豫不决，不去行动，那么你将一直被关在成功的门外。

  C 充分利用每一分钟   D 坚持才能取得胜利

解析 原文中只说了行动的重要性，并没有提到充分利用时间和坚持，所以这两项都是与内容无关的干扰项。

样题65.

专家指出，人们吃的酸性食物会附着在牙齿上，使牙齿表面的牙釉质软化，此时刷牙有损牙齿健康。所以，刚吃完饭尤其是吃过酸性食物的人，最好30分钟后再刷牙，这时牙齿的保护层已经恢复，牙齿就不容易受到损害了。

  C 刷牙次数不能过多   D 牙齿掉落要及时补牙

解析 原文只说了"最好30分钟后再刷牙"，并没有提到"刷牙次数"和"补牙"。当考生遇到此类选项时，一定要回到原文寻找细节点，不要根据自己以往的经验直接推断而得出错误的答案，也不能根据自己的感觉下结论。

★ 习题训练

请判断下列句子与原文意思是否一致。(提醒:请尽量认真仔细阅读,注意原文中细节部分的说法。)

1. 这种插头,就像一把可伸缩的尺子,不管电线有多长,长度都可以自由调控。其电线采用特殊的材料,既柔软又安全。有了它,你就不用担心电线太长,也不必准备一个收纳盒了。

 这种插头的电线不长,很方便很安全。( )

2. 某大公司准备雇用一名小车司机,经过筛选和考试之后,只剩下三名技术最好的竞争者。主考者问他们:"悬崖边有块金子,你们开着车去拿,觉得能距离悬崖多近而又不会掉下山去呢?""两米。"第一位说。"半米。"第二位很有把握地说。"我会尽量远离悬崖,越远越好。"第三位说。结果这家公司录取了第三位司机。

 第三位小车司机技术最好,所以被录取了。( )

3. 腊肉要选肥瘦相间的,肥腊肉的油已经在制作的过程中排了出去,因此是肥而不腻。放一片腊肉在口中,细细品尝,满口留香,可以吃掉一大碗白米饭。

 好的腊肉不含肥肉。( )

4. 这里是艺术家们的天堂,在这里,每个店主都有机会表现自己的才华和创意,而游客们也有时间在这里欣赏各个小店的作品。这种手绘 T 恤和布鞋很受欢迎,只需要等上半个小时,一件很有个性的 T 恤就是你的了。

 游客们很喜欢这里的 T 恤和布鞋。( )

5. 在这里的一大乐趣就是在大街小巷中闲逛,在遍布古城的各种小店中,就有很多当地的特色美食，等待着你去发现。

古城中有很多当地的特色美食。（　）

题号	答案	题　解
1	×	原文细节：电线长度可以自由调控，能被很好地收起来。
2	×	原文细节：录取第三位司机是因为他懂得远离危险，不是因为技术最好。
3	×	好的腊肉不含肥油，不是不含肥肉。
4	✓	将关键短语"很受欢迎"换了一种说法。
5	✓	与原文基本相同，稍有概括。

三、第二部分模拟测试

第61-70题：请选出与试题内容一致的一项。（注：请在10分钟内做完。）

61. 对大多数女人来说，逛街是她们很好的减轻压力的方法，在不停走动的过程中和自己的朋友说话，聊得最多的还是周围发生的小事情，然后看看路边每个小店里卖的都是什么东西，同每个卖主讨价还价，虽然最后有可能不买。

　　A 所有的女人都爱逛街
　　B 女人逛街一定会买东西
　　C 逛街可以帮助女人减轻压力
　　D 女人在逛街的时候不喜欢聊天

62. 每个老板都愿意把任务给那些有经验的人。当你有了被人信任的基础，并且在日常的工作中，慢慢表现出认真、聪明和细心的优点时，老板就会把越来越多的工作机会提供给你。原因很简单——用一句话就能说清楚并且能被你顺利完成的工作，谁愿意花半小时时间安排给一个怎么都弄不明白的人呢？

A 每个公司都有很多有经验的人

B 只要被人信任就会有很多工作机会

C 工作中认真、聪明和细心很重要

D 弄不懂老板的话的人会失去工作

63. 身体质量指数，是判断体重的一个重要标准。计算适用范围：18 至 65 岁的人士。儿童、发育中的青少年、孕妇、哺乳期妇女、老人及身型健硕的运动员除外。世界卫生组织认为身体质量指数保持在 22 左右是比较理想的。

A 五岁的孩子可以用身体质量指数判断体重

B 只有身体质量指数在 22 的人才是健康的人

C 世界卫生组织要求每个人的身体质量指数保持在 22 左右

D 根据身体质量指数可以判断出一部分人的体重

64. "狗不理"包子因为味道鲜美而在全国甚至国外都很有名。到了天津不吃"狗不理"包子，是游客的遗憾。"狗不理"包子之所以好吃，关键在于选料、配料、搅拌以至揉面、擀面等环节都有其独特的地方，特别是包子的褶花均匀，每个包子都有不少于 18 个褶子。

A 游客吃完"狗不理"包子都很遗憾

B "狗不理"包子只有在天津才可以吃到

C "狗不理"包子和别的包子完全不同

D "狗不理"包子在中国和外国都很有名

65. 对于目前市场上各种各样的唐卡，专业人士提醒：那些大批量复制、印制或者是制作粗糙的唐卡收藏意义不大。虽然这些唐卡看不出有什么大错误，而且一次性上色的唐卡，看起来与上过三四遍颜色的唐卡没有大的差别，但前者只能保存一两年，而真正的唐卡有的甚至是金粉或宝石粉调色，可以收藏几十、几百年而不掉色，其价值当然不同。

A 市场上的唐卡都是假的
B 真正的唐卡可以保存很久
C 收藏印制的唐卡很有意义
D 复制的唐卡明显有大错误

66. 有小聪明的人，不认为自己的能力有问题。时间长了，他会怪自己运气不好，怪那些看起来很普通的人总能比自己更走运，甚至怪那些人长得比自己好看，或者怪他们更会让领导高兴。慢慢地，就会影响他的心态。所谓的"怀才不遇"，有时就是这种情况。其实，真正聪明的人是那些在工作中用心的人。

A 有小聪明的人运气不太好
B 有小聪明的人不漂亮
C 有小聪明的人能力有问题
D 有小聪明的人容易"怀才不遇"

67. 桶装水和饮水机无论在家里还是公共场所都已非常普遍，你有没有想过，用的饮水机自从放在那儿就再也没"洗过澡"。饮水机看上去好像能让人喝上好水，其实"二次污染"很严重。每当打开饮水机龙头时，会听到"咕噜"的声音，这就说明有空气进入，此时灰尘也会被带入。

A 饮水机不太干净
B 饮水机里的水很好

C 灰尘很难进入饮水机里

D 空气进入饮水机没有坏处

68. 铅笔打印机，就是用铅笔作为原材料进行打印。这款打印机很小巧，非常方便。使用传统打印机如果内容打错了，纸张就浪费掉了，而使用铅笔打印机打字，即使打错，拿块橡皮擦掉后纸张又可以重新利用。

A 铅笔打印机比较浪费纸张

B 铅笔打印机不如传统打印机方便

C 铅笔打印机如果内容打错就不能修改

D 铅笔打印机是用铅笔作为原料进行打印

69. 甲去买烟，烟29元，但他没火柴，于是跟店员说："顺便送一盒火柴吧。"店员没给。乙去买烟，烟29元，他也没火柴，便跟店员说："便宜一毛吧。"最后，他用这一毛买了一盒火柴。通常很多事情换一种做法，结果就不同了。人生道路上，转换思考方式是很重要的。

A 甲只想买火柴

B 店员没卖烟给甲

C 乙一共花了29元

D 乙跟甲的思考方式相同

70. 有个小男孩儿，有一天妈妈带着他到小店去买东西，老板看到这个可爱的小孩儿，就打开一盒糖，要小男孩儿自己拿一把糖。但是这个男孩儿却没有任何动作。几次邀请之后，老板亲自抓了一大把糖放进他的口袋中。回到家中，母亲好奇地问小男孩儿，为什么没有自己去抓糖而要老板抓呢？小男孩儿的回答很有意思："因为我的手比较小呀！而老板的手比较大，所以他拿的一定比我拿的多很多。"

A 小男孩儿去小店买糖

B 小男孩儿自己拿了一把糖

C 母亲明白小男孩儿的做法

D 小男孩儿很聪明

题号	答案	题　解
61	C	对原文主旨的简单概括。
62	C	将原文句子"当你……在日常的工作中，慢慢表现出认真、聪明和细心的优点时，老板就会把越来越多的工作机会提供给你。"变换了一种说法。
63	D	原文的主旨就是第一句话。既是对主旨的考查，也是对细节"一部分"的考查。
64	D	原文主旨就是第一句话，答案选项变换了一种说法。
65	B	答案选项的句子变换了一种说法。文中句子"但前者只能保存一两年，而……"中用"而"表示结构上的转折，显出后者与前者的差别。
66	D	对生词"怀才不遇"及在文中的意思的猜测能力进行考查。
67	A	对原文主旨的简单归纳。
68	D	原文首句是中心句，与选项D的意思完全一致。
69	C	对原文细节的考查。要分清甲和乙的29块钱分别买到了什么。
70	D	对记叙文主要内容的简单概括。

四、阅读知识：段落的内容构成与连接词语

（一）段落的内容构成

一般来讲，一个结构完整的段落，其内容常常可以分为三个部分：

1. 中心句：点明本段主题或观点。

2. 支持部分：包括引用事实、数据、理论、对比分析等。

3. 总结部分：总结全段内容，重申主题或观点。

具体来讲，根据文体要求的不同，一个段落可以由以下内容构成：

```
          解释：下定义
                描述状态或过程
                举例
中心句  +  证明：列数据或摆事实        +  总结句
                引用或总结他人观点
          分析：对比或比较
                分类（横向）或分级（纵向）
                分析原因和影响
```

（二）连接词语

一篇文章中段与段、句子与句子之间需要一些隐性（hidden）的（内在的，例如前后一致的话题、前后一致的知识等）和显性（marked）的（外在的，例如连接词语等）东西来连接，使文章显示出清晰的结构，以方便读者阅读。显性的连接成分是指那些经常出现在一段话的开头部分、读者很容易注意到的并经常以此作为阅读线索的标志性（sign/mark）词语，例如"第一、第二、其次、相反、总之"等等。

以下是一些中高级阶段汉语记叙文、说明文中常用的汉语连接词语：

表示顺序	首先　其次　再次　最后　让我们从……开始　一来　二来　其一　其二　其三　此外　然后　还　再者　除此之外　同上　同时　然后　接着　在文章的最后　总之　总而言之　顺便提一下
表示加强或重申	再说　补充一点　而且　进一步说　更进一步说　特别是　尤其是　也　详细地说　更具体地说　更明确地说　其实　实际上　需要说明的是　需要强调的是　需要指出的是　无论如何
表示总结	总之　总而言之　简而言之　总的来说　因此　所以　说到底　简单（要）地说　由此可见　由此看来　这说明
表示事情的结果	如此一来　如此下去　这样一来　结果是　因此　所以　因而　随之

表示解释说明	换句话说　就是说　这样说吧　可以说　更明确地说　更具体地说　更详细地说　其实　实际上　简单地说　也就是说　同样的
强调平等或相似	同样　也　像……一样　与之（此）相似　同时　还有　不但……也……　不仅……而且……
表示对比	与此相反　与之相反　相反地　反过来说　不同的是　对比之下　另一种是　从另一方面讲
举例	如　例如　比如　举例来说　举个例子说　譬如
打比方	好像　好比　打个比方
退步或接受之后说明不同意见	尽管……可是（却）……　虽然……但是……　无论（如何）……还是……　退一步说　当然　不过　即使……也……　我承认……但是……　其实
表示犹豫或不确定	也许　可能　大概　好像　或许　似乎
表示假设	如果……那么……　如果可能……那么……　即使……也……
表示原因	事情的起因是　……的原因有三个　究竟是什么原因使得　究其原因　其原因一是……二是……　因为　由于
表示影响	对……造成了影响　产生了影响　……的影响是　影响很大
表示目的	为了　为此　为了达到……目的
表示普遍性	普遍来说　一般来说　就大多数人的感觉来讲　一般认为
表示引用他人之语	据统计　据调查　有研究表明　根据……的研究　……的研究表明　统计数字表明　调查的结果表明　认为　指出　提出　建议　前面已经提到

第三部分　题解与练习

一、考点分析（题型与特点）

（一）HSK（五级）阅读第三部分一共五篇短文，每篇大约200—500字。

（二）体裁与话题

1.记叙文：例如生活及寓言小故事，小故事后常常有几句感悟和哲理（如第96页样题短文"比赛爬高楼的青蛙"）；职场话题，讲述个人求职与工作中的小故事或公司发展中的故事（如第 2 页样题短文"喜剧演员"）。

2. 说明文：例如对某些著名人物或特殊人物的事迹介绍；说明或介绍社会与生活中的现象和经验（如第 94 页样题短文"蜂蜜的后腿"）。

3. 议论文：例如论说对社会生活的看法与观点（如第 95 页样题短文"嫩芽与木材"）。

（三）短文后的三种问题

1. 把握宏观（macroscopic）大意（每篇短文最多一道题）

如：上文主要想告诉我们：

上文主要介绍的是：

2. 理解微观（microscopic）信息（占问题的绝大多数）

如：朱元璋看到那些大学生的工作状态时，感到：

根据上文，蜜蜂飞行速度与哪些能力有关？

3. 猜测词义（一套考题中一般只出现一道题）

如：第 2 段画线词语"目不转睛"形容老演员：

（四）答题时间

本部分答题时间共约 20 分钟，每篇短文平均 4 分多钟。

二、答题技巧与例题解析

在答题时，请按以下两个步骤进行：

第一遍阅读——"扫读"（scan）：约 10—20 秒钟，掌握文章话题、结构及大意。

第二遍阅读——"查读"（read with questions）：3—4 分钟（视文章长短调整时间），并做题。

（一）把握宏观大意

任何一篇文章，无论是议论文，还是说明文、记叙文，无论是写人还是记事，都有文章的中心内容或作者的主要观点。因此，从文章中提炼文章大意和中心思想是阅读一篇文章的首要任务，也是阅读考试中常出现的题目。

1. 考题中经常出现的问题有：

上文谈的是什么？

上文主要介绍的是什么？

上文主要想告诉我们什么？

下列哪项最适合做上文的标题？

上文主要告诉我们生活中应该怎么样？

这个故事告诉我们一个什么道理？

2. 寻找文章大意和主要观点的三种方法：

(1) 通过查找主题词（关键词）来确定文章大意。

主题词，就是一篇文章关注的重点，比如说，有一段文字是介绍"春节"的，那"春节"就是这篇文章的主题词。阅读中，如果找到了主题词，也就知道了整个文章在讲什么。一般来说，一篇文章中反复多次出现的词常常就是主题词。

样题90.

最新研究发现，蜜蜂的飞行并不全是由翅膀振动来完成的，它的后腿也发挥着重要的作用。

……

为了进一步分析蜜蜂的飞行特点，科学家做了一项实验，他们诱使蜜蜂在一个户外风洞中飞行，以便进行观察。结果发现，有一种兰花蜜蜂，它的后腿像飞机的机翼一样，能为蜜蜂提供上升的力量。当风洞中的风达到一定的速度时，蜜蜂就会伸出后腿来保持飞行的稳定，速度越快，后腿伸展的幅度越大。但是，如果风速提高到超过它所能承受的极限时，即使它完全伸展开后腿，也无法再保持身体的平衡和飞行的稳定，这时蜜蜂便会四处乱撞。

实验表明，蜜蜂的飞行速度并不取决于它肌肉力量的大小或者翅膀振动的快慢，而是取决于它在不稳定的飞行条件下自我控制和调节平衡的能力。它伸出的后腿可以帮助它实现平衡，就像飞速旋转的花样滑冰运动员张开手臂来平衡自己的身体一样。

90. 上文主要介绍的是：

A 蜜蜂的生存智慧　　　　　B 蜜蜂喜欢成群飞的原因
C 后腿对蜜蜂飞行的重要性　D 风速对蜜蜂寻找食物的影响

解析　在文章中，"后腿"出现了6次，而且全文第一段就说明了蜜蜂的后腿发挥着重要的作用，可以看出"后腿"是全文的主题词，所以第90题的正确答案是C。

（2）通过查找主题句（关键句）来确定文章大意。

一篇文章的主要观点可以通过一个句子来表达，这种句子叫作"主题句"。一般来说，议论文和说明文中，主题句的位置常常很明显，容易找到，主题句一般出现在段首或段尾，极少出现在段中。因为，议论文往往先提出一个论点，再对此进行分析，或举例子加以论证，得出结论；说明文中，作者首先提出说明的对象，然后从时间、空间、用途、方法、步骤等各个不同方面来说明。一般是按"总—分—总"或"总—分""分—总"这样一个思路写的。

如下面的样题82，最后一段的最后一句就是这篇文章的主题句：

在老家，香椿树几乎随处可见。每到春天，树上就会长出浓密的嫩芽。香椿树被称为"树上蔬菜"，用它的嫩芽做成的菜肴是不可多得的美味。

……

嫩芽与木材，我们只能选其一。树犹如此，人亦然。一个人，不可能同时坐上两只船。选择这只，就得放弃另一只，不能太贪心。

82. 上文主要想告诉我们：

A 要学会取舍　　　　　B 目标要远大

C 做事要考虑后果　　　D 要坚持自己的梦想

解析 从主题句可以直接得出正确答案，选 A。

与议论文不同，在记叙文中，一般不出现主题句，需要考生找到记叙文的六要素，再总结、归纳文章大意。值得一提的是，HSK（五级）阅读考题的记叙文的最后，有时会有几句关于哲理或感悟的话，那里面就有考题关注的主题句。

样题 78.

一群青蛙来到一座 10 层高的楼前，比赛看谁先爬到楼顶。很多动物聚集在高楼下观看。

比赛刚开始，就有动物大声喊："我看还是别费劲儿了，你们根本不可能爬到楼顶的！"

……

放弃比赛的青蛙们都想知道这只青蛙是如何坚持下来的。但不管大家怎么问，这只青蛙就是不开口。这时大家才发现原来它听觉不太好，根本没听到刚才动物们说的话。

很多时候，我们就是因为听信了别人的"忠言"而把成功想得高不可攀，放弃了努力。其实，只要全神贯注于你的目标，成功就会离你越来越近。

78. 最适合做上文标题的是：

A 沉默是金　　　　　　B 敢于放弃

C 听不见的青蛙　　　　D 团结就是力量

解析　最后一段就是主题句，根据主题句可以推断正确答案是 C。

（3）通过对文章大意的归纳和总结来确定主人公的态度、性格等。

这种考题一般只出现在记叙文中。记叙文往往一开始交代时间（when）、地点（where）、人物（who）及事件（what），然后再详细叙述事件发生的原因（why）、经过（how）。考生只要抓住了这几个要素，就很容易了解到文章大意以及主要情节线索。

样题 77.

一群青蛙来到一座10层高的楼前，比赛看谁先爬到楼顶。很多动物聚集在高楼下观看。

比赛刚开始，就有动物大声喊："我看还是别费劲儿了，你们根本不可能爬到楼顶的！"

听到这句话，蛙群中一阵骚动，有些青蛙摇摇头退出了比赛。但还是有不少青蛙在坚持，其中有一只显得尤其卖力，尽管它已经摔下来好几次了。

下面的动物仍旧在喊："别白费力气了，青蛙永远都不可能爬上高楼的！"

伴随着它们的喊声，越来越多的青蛙放弃了比赛，但那只非常卖力的青蛙仍然在努力地向上爬，而且好像越爬越有劲儿。只见它一跳一蹲，台阶就这样一级一级地被它甩在了身后。临近终点时，其他青蛙全都退出了比赛。最后，只有它爬上了楼顶。

77. 关于那只获胜的青蛙，下列哪项正确？

A 身体很健康　　　　　B 始终很努力

C 好奇心特别强　　　　D 非常喜欢冒险

> **解析** 通过这个故事发生的地点（一座10层高的楼）、人物（一群青蛙）以及事件（比赛看谁先爬到楼顶）、经过（其中有一只显得尤其卖力……但那只非常卖力的青蛙仍然在努力地向上爬……最后，只有它爬上了楼顶）很容易知道那只获胜的青蛙始终很努力。所以，答案B是正确的。

★ 习题训练

阅读短文，选择正确答案。（注：每篇文章的阅读及答题请在1分钟内完成。）

短文一

有个男孩子养了一只小乌龟。在一个寒冷的冬天，小男孩儿想让这只乌龟探出头来，他用尽了能想到的所有办法，却怎么也未能如愿。他试着用手去拍打它，用棍子去敲击它……但任凭他怎么拍、怎么敲，乌龟就是一动也不动，气得他整天噘着那张小嘴，显得很不开心。

后来，他的祖父看到了，笑了笑，帮他把那只乌龟放到了一个暖炉上面。过了一会，乌龟便因为温暖而渐渐地把头、四肢和尾巴伸出了壳外。

男孩儿见此开心地笑了。于是他的祖父对小男孩儿说："当你想要让别人按照你的意思去做、去改变时，记住不要采用攻击的方式，而要给予他关怀和温暖，这样的方法往往更加有效。"

温暖地待人，你将会得到意想不到的惊喜。

这篇短文告诉我们一个什么道理？

A 乌龟在冬天很怕冷　　　　B 要好好地对待小动物
C 小孩子不要攻击小动物　　D 学会温暖地待人

短文二

　　加拿大魁北克有一条南北走向的山谷。山谷没有什么特别之处，唯一能引人注意的是它的西坡长满松、柏、女贞等树，而东坡却只有雪松。这一奇异景色之谜，许多人不知道为什么，然而揭开这个谜的，竟是一对普通的夫妇。

　　那是1993年的冬天，这对夫妇的婚姻即将走到尽头，为了找回过去的爱情，他们打算进行一次浪漫之旅，如果能找回感觉就继续生活，否则就友好分手。他们来到这个山谷的时候，天下起了大雪。他们支起帐篷，望着满天飞舞的大雪，发现由于特殊的风向，东坡的雪总比西坡的大且密。不一会儿，雪松上就落了厚厚的一层雪。不过当雪积到一定程度，雪松那富有弹性的枝丫就会向下弯曲，直到雪从枝上滑落。这样反复地积，反复地弯，反复地落，雪松完好无损。可其他的树，却因没有这个"本领"，树枝被压断了。妻子发现了这一景观，对丈夫说："东坡肯定也长过杂树，只是不会弯曲才被大雪摧毁了。"突然，两人好像明白了什么，拥抱在一起。

　　生活中我们承受着来自各方面的压力，这些压力日积月累，终将让我们难以承受。这时候，我们需要像雪松那样弯下身来。释下重负，才能够重新挺立，避免被压断的结局。弯曲，并不是低头或失败，而是一种弹性的生存方式，是一种生活的艺术。

　　下列哪项最适合做上文的标题？

　　A 揭开谜底的夫妇　　　　B 弯曲，并不是低头或失败
　　C 生活中的压力　　　　　D 离婚前的浪漫之旅

短文三

　　学习汉语，"听、说、写"非常重要，不过"读"也很有用。通过阅读，

你既可以学到新的词语，又可以学会怎样运用这些词语。阅读也有助于你写作水平的提高。

以下是一些关于阅读的建议，告诉你应该怎样阅读。

量力而读。读一些你自己觉得比较容易的文章。如果读的时候遇到的生词太多，你必须不停地查字典，那就没有意思了。

不断扩大生词量。如果一页中有四五个生词，把它们记在你的本子上。当然，不是在读的时候记，而是先猜一猜它的意思，用笔做一个记号。等你读完以后再回来查字典，把它的用法记在你的本子上，并且默默地把它记在心里。

定期阅读，养成阅读习惯。每天读一会儿，每天读十五分钟比只在星期天集中读两个小时效果要好。安排一个固定的时间并且坚持下去，比如说睡觉前、起床后或者午饭后的十五分钟。

阅读你比较感兴趣的东西。认真挑选一本你喜欢的书或杂志，因为你要为它花掉一些时间和金钱，所以一定要找到你最想看的东西。

这样，你掌握的生词就会一天比一天多，你的汉语就会一天比一天好。

这篇文章主要想告诉我们什么？

A 阅读有什么用　　　　B 什么时候阅读

C 读什么　　　　　　　D 怎样阅读

短文四

当今中国，一半以上的稻田里种植的水稻是袁隆平及其助手培育出来的杂交水稻。他用了9年的时间于1974年选育出了第一个在生产上大面积应用的强优高产杂交水稻组合——南优2号，使得我国从1976年到1998年累计增产粮食3.5亿吨。按每吨1000元计算，累计增收3500亿元；按人均口粮每年450公斤计算,每年解决了500多万人的吃饭问题。为此,他在国际上被誉为"杂交水稻之父"。

比起那些已经富裕起来的农民,袁隆平的外表更像农民。瘦小的身子,高高的颧骨,背微驼,小平头,古铜色的脸庞爬上了些许老人斑,穿着10年前流行的那种白色与褐色花纹的短袖衬衣,一条灰裤,老式黑皮鞋上沾满泥巴。

袁隆平60多岁时,每天还要工作到凌晨一点。他总是早上七点半起床,做一会儿运动,吃过早饭就进入实验室,中午只是稍稍躺一会儿。上午、下午必定去一趟田里,晚饭后他一般游一会儿泳,然后与大家一起看新闻联播。他房里只有一张简易大床,两把竹椅,简陋得不能再简陋了。

袁隆平通晓几国外语,出国从不用带翻译,英语、俄语水平一流。可一些年轻人看他不修边幅,就笑他"老土"。他说:"我是在重庆长大的,重庆过去可是比上海还繁华的地方。但是我现在天天和农民在一起,如果穿得像个城里人,他们就不会和你交心了。再说,穿得笔挺笔挺的,怎么下地?"

从文中我们可以知道袁隆平:

A 成就很大　　　　　　B 房子很好

C 身材高大　　　　　　D 穿着时髦

短文五

过去总认为,感冒是通过呼吸传染给他人的。可是近年来发现:人的手更容易传播感冒病毒。

英国科学家让20名健康的志愿试验者到感冒病人的房间里住了三个晚上。由于他们保持了正常的活动、保障营养并注重清洁卫生,所以都没被传染上感冒。因为感冒病人喷出来的飞沫中,仅有8%是带有感冒病毒的。但没有和病人同住，只是握了手却没有及时洗手的人，有71%被传染上感冒。现在看来，在感冒流行期间，有必要实行一下"禁止握手"的措施了。

这段话主要告诉我们：

A 手是感冒的主要传染源　　B 唾沫是感冒的病源

C 流行性感冒的治疗　　　　D 感冒的诊断方法

短文	答案	题　解
一	D	带哲理的小故事，短文最后一句话就是主题句。
二	B	带哲理的小故事，短文最后包含主题句。
三	D	"总—分—总"的说明文，短文开头和结尾都有主题句，另外，中间几个段落的首句也能体现文章大意。
四	A	从短文第一段中就可找到答案，选项B、C、D也可在下文中排除。
五	A	"总—分—总"的小议论文，短文开头和结尾都有主题句。

（二）理解微观信息

围绕着话题主旨，短文会列举很多微观的细节信息来说明、描述、支撑中心论点或叙述事件的发展。在阅读测试中，除了关于短文主题的考题外，最常见的就是针对文中细节的考题了。由于每篇文章都会出现很多细节，所以企图在3分钟的时间内记住或抓住所有细节是行不通的。

寻找关键词和关键语句是这一环节最重要的方法，这一方法需要在第二遍阅读中进行。即在第二遍阅读中，对照问题寻找答案。

1. 直接对应法。这一类型中，问题语句较长，其中的关键词都很明显，比较容易在文中找到相匹配的关键语句。上文的样题中，很多都属于这一类。

(1) 解题步骤

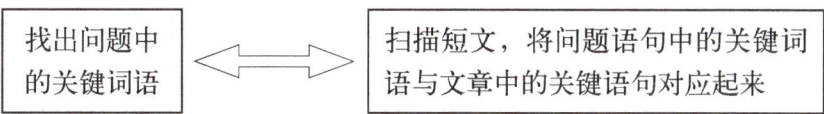

(2) 提示一：一般来说，考题问题的顺序与短文内容的顺序是一致的，如，第一题的答案在短文中的第一句话，第二题的答案就只会出现在第一句话的后面，或第二段或第三段了。提示二：关键词语和关键语句不一定完全相同，考题中常常会改变句式、用同义词替代等，如样题 79 正确选项中是"可食用"，文中用的却是"……做成的菜肴是不可多得的美味"。

(3) 样题实例

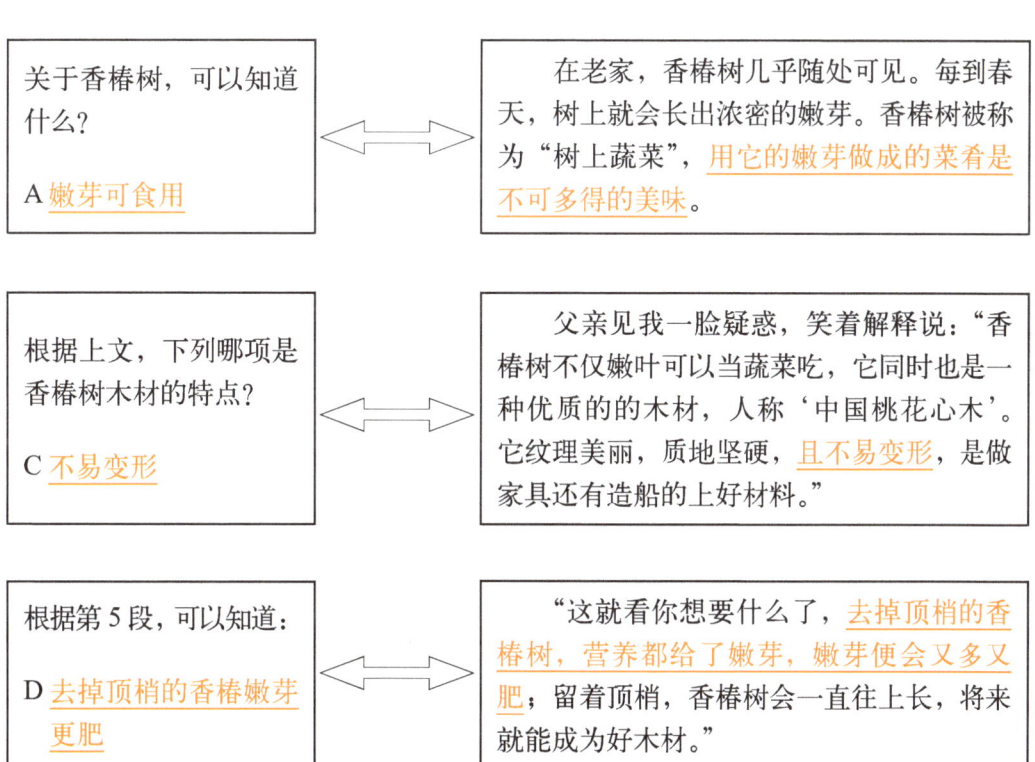

2. 对应排除法。这一类型中，问题句都比较简单，其中的关键词比较模糊，或者根本没有，也就无法在文中找到相应的关键语句。如：

根据上文，下列哪项不对（正确）？

根据上文，可以知道：

上文中的很多样题属于这一类。

（1）答题技巧：做这种题，要把短文内容作为基准（而不是个人的知识、经验或理解），分别用答案A、B、C、D中的关键词去核对原文，错误的排除，正确的保留。这样每次只拿一个选项，回到短文中去寻找对应语句（如果文章或问题比较容易，考生也可同时带上几个选项回到短文中）。这种考题的难度较大，要不停地回视短文。所以做题时应耐心仔细，不要着急。

（2）答题步骤

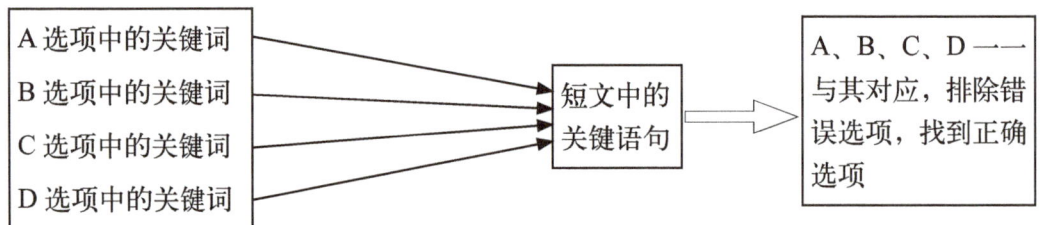

（3）提示：短文中对应的关键语句的大体位置，考生在第一遍30秒预读时，心中应该基本有数。有的关键句在一个段落中就能定位，但是有的可能要扫描几个段落后才能定位。为节省时间，如果已确定A选项是正确的，就不必花时间去对应B、C、D选项，除非你还没完全确定下来。

（4）样题实例

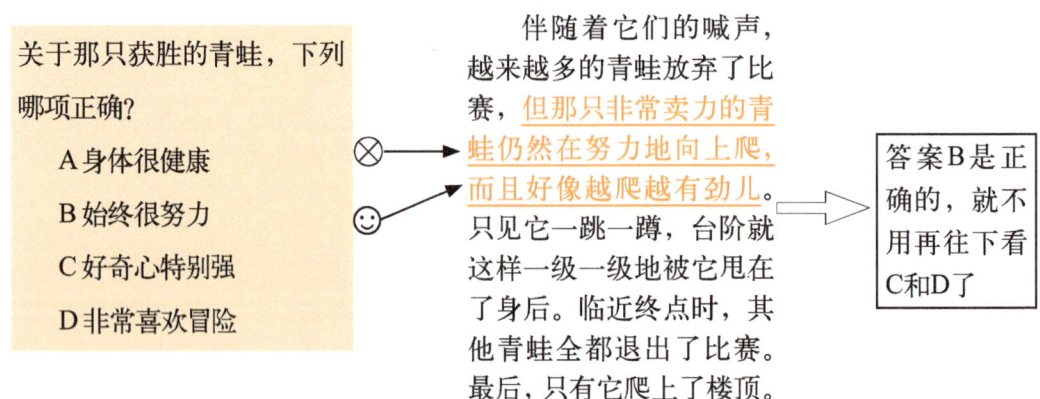

考前准备二：HSK（五级）阅读技能与训练

第2段举飞机的例子是为了说明许多动物：
A 善于利用气流
B 懂得节省体力
C 能持续飞很长时间
D 飞行时腿会收起来

关于兰花蜜蜂，可以知道什么？
A 飞行速度极快
B 翅膀形状独特
C 后腿可提供升力
D 常活动在风洞附近

根据上文，蜜蜂飞行速度与哪种能力有关？
A 调控能力
B 感知温度
C 辨认方向
D 传播花粉

最新研究发现，蜜蜂的飞行并不全是由翅膀振动来完成的，它的后腿也发挥着重要的作用。

众所周知，飞机在飞行过程中起落架是收起来的，着陆的时候才放下来。在人们的印象中，动物在飞行时，它们的腿肯定同飞机的起落架一样，都是收起来的。如果你留心观察的话，会发现大多数动物是这样的，但蜜蜂是一个例外。

为了进一步分析蜜蜂的飞行特点，科学家做了一项实验，他们诱使蜜蜂在一个户外风洞中飞行，以便进行观察。结果发现，有一种兰花蜜蜂，它的后腿像飞机的机翼一样，能为蜜蜂提供上升的力量。当风洞中的风达到一定的速度时，蜜蜂就会伸出后腿来保持飞行的稳定，速度越快，后腿伸展的幅度越大。但是，如果风速提高到超过它所能承受的极限时，即使它完全伸展开后腿，也无法再保持身体的平衡和飞行的稳定，这时蜜蜂便会四处乱撞。

实验表明，蜜蜂的飞行速度并不取决于它肌肉力量的大小或者翅膀振动的快慢，而是取决于它在不稳定的飞行条件下自我控制和调节平衡的能力。它伸出的后腿可以帮助它实现平衡，就像飞速旋转的花样滑冰运动员张开手臂来平衡自己的身体一样。

★ 习题训练

阅读短文，选择正确答案。（注：每篇文章的阅读及答题请在3分钟左右完成，做完五篇文章15个题共15分钟时间。）

短文一

一位朋友谈到他的一个亲戚，一生从来没有穿过合脚的鞋子，常穿着巨大的鞋子走来走去。晚辈如果问她，她就会说："大小鞋都是一样的价钱，为什么不买大的？这样不是更划算一些吗？"每次我转述这个故事，总有一些人笑得岔了气。

其实，在生活里我们会看到很多这样的人。没有什么思想的作家，偏偏写着厚重苦涩的作品；没有什么功底的画家，偏偏画着"超级巨画"；经常不在家的商人，却拥有巨大的家宅。

许多人不断地追求巨大，其实只是被内在贪欲推动着，总想得到最大最好的东西，也不管自己用不用得上，就好像买了特大号的鞋子，忘了自己的脚是否合适一样。不管买什么鞋子，合脚最重要，不论追求什么，总要适可而止。

1. 她为什么常穿着巨大的鞋子？
   A 她的脚特别大　　　　　　B 她想穿一双合脚的鞋
   C 她觉得买大鞋很合算　　　D 她想让别人笑得岔气
2. 文中提到的亲戚、作家、画家、商人的共同特点是：
   A 想追求一双巨大的鞋子　　B 想拥有一个巨大的家宅
   C 想买一幅超级巨画　　　　D 有不切实际的贪欲

短文二

世界各地的人们都喜欢喝茶。但是，茶在每个国家具有不同的意义，所以不同国家的人们有不同的喝茶习惯。

比如在中国，人们总是在朋友聚会聊天的时候喝茶。从早上一直到晚上，什么时候都可以喝茶。他们喝"纯茶"，不喜欢在茶里面放别的东西。

茶在日本也很重要。日本人有一套关于喝茶的特别仪式，这是一种很古老很严谨的仪式，即使是自己一个人喝，他们也可能严格地遵循每一道程序。日本人家里还有专门的茶室。

英国人也很喜欢喝茶，傍晚时候是他们的"饮茶时间"，这时差不多每个人都会端上一杯茶。他们常常用茶壶沏茶，喝的时候还要加上一点儿牛奶和糖，一边喝茶一边吃一些东西，像蛋糕、饼干和三明治什么的。这就是英国的"午后茶"。

在美国，人们习惯早饭时或者饭后喝茶。美国人大多数喜欢袋茶，他们觉得用茶袋沏茶比用茶壶沏茶要快而且容易。夏天，许多美国人喜欢喝一种很凉的茶——"冰茶"。有时候，他们喝罐装的冰茶，就像喝可乐等汽水一样。

3. 中国人一般什么时候喝茶？

  A 吃早饭时   B 从早上到晚上都可以

  C 只有在茶馆里   D 特别的时候

4. "纯茶"是指：

  A 茶里放牛奶   B 茶里放别的东西

  C 茶里不放别的东西   D 茶里放糖

5. 英国人喜欢怎么喝茶？

  A 在专门的房间里   B 吃饭的时候

  C 一边喝一边吃东西   D 有时间的时候

6. 美国人喝茶时讲求：

  A 方便快捷   B 严谨的仪式

  C 和朋友谈心   D 享受美食

短文三

  在很多年以前，一位穷苦的牧羊人领着自己两个年幼的儿子，以替别人放羊来维持生活。一天，他们赶着羊来到了一个山坡上。这时，一群大雁鸣叫着从他们的头顶飞过，并很快消失在远处。

牧羊人的小儿子问他的父亲："大雁要往哪里飞？"

"他们要去一个温暖的地方，在那里安家，度过寒冷的冬天。"牧羊人说。

他的大儿子眨着眼睛羡慕地说："要是我们也能像大雁一样飞起来就好了，那我就要飞得比大雁还要高，去天堂，看妈妈是不是在那里。"

小儿子也对父亲说："做个会飞的大雁多好啊！那样就不用放羊了，可以飞到自己想去的地方，那多自由呀！"

牧羊人沉默了一下，然后对儿子们说："只要你们想，你们也能飞起来。"两个儿子试了试，并没有飞起来。他们用怀疑的眼光瞅着父亲。

牧羊人说，让我飞给你们看。于是他飞了两下，也没有飞起来。牧羊人肯定地说，我是因为年纪大了才飞不起来，你们两个的年龄还小，只要不断努力，就一定能飞起来，去想去的地方。

儿子们牢牢记住了父亲的话，多年以后，他们发明了飞机。他们就是美国的莱特兄弟。

7. 兄弟俩小时候靠什么生活？
　　A 父亲替人造飞机　　　　B 父亲给别人放羊
　　C 父亲给别人看大雁　　　D 兄弟俩发明飞机

8. 弟弟为什么想飞起来？
　　A 想飞到一个温暖的地方过冬　　B 想找一个地方安家
　　C 想飞到天上寻找妈妈　　　　　D 想要自由

9. 关于父亲，下面哪项的说法**不**正确？
　　A 家里很穷　　　　　　　　　　B 妻子不在了
　　C 相信自己的孩子能飞起来　　　D 骗孩子们去飞

短文四

邓丽君（1953年1月29日—1995年5月8日），生于中国台湾，21岁前往日本。亲切、成熟的形象，让她成为20世纪80年代华语乐坛的天王巨星。邓丽君在华人社会具有相当大的影响力，是20世纪后半期最有名的华语和日语女歌手之一，并赢得了"有中国人的地方，就有邓丽君的歌声"的美誉。据统计，邓丽君的唱片销售量已超过4800万张。

邓丽君的演唱，看似平淡无奇却给人深刻的印象。她的歌声、笑容，甚至是每一个动作，都显得那么自然。现代都市生活节奏飞快，人们的内心世界烦躁不安，而邓丽君那自然朴实的演唱风格，往往给繁忙的人们带来安慰，让大家的心灵能安静下来。因此，邓丽君的歌曲成为很多人听歌时的首选。

邓丽君的演唱魅力，不仅仅在于她迷人的气质、甜美的歌声，更在于她标准的汉语发音。虽然生在台湾南方，但她的发音非常准确，没有任何方言的痕迹。

在三十多年的歌唱生涯中，邓丽君共演唱了一千多首中文、英文、日文等不同语言的歌曲。其中，《月亮代表我的心》《甜蜜蜜》《小城故事》等代表作流行至今。

有人说，邓丽君是一个时代的记忆。

10. 根据上文，邓丽君成为天王巨星的原因是：

　　A 会说华语和日语　　　　　B 华人社会的影响力
　　C 形象亲切、成熟　　　　　D 演唱平淡无奇

11. 邓丽君的歌为什么会成为很多人听歌时的首选？

　　A 风格自然　　　　　　　　B 发音标准
　　C 歌曲流行　　　　　　　　D 数量很大

12. 关于邓丽君，下面正确的是：
    A 邓丽君的唱片销售超过 1000 多万张   B 邓丽君只唱华语歌
    C 邓丽君主要活跃于 20 世纪后半期   D 邓丽君的歌曲节奏飞快

短文五

一件好事发生在我们身上，或者别人帮了我们一个忙，我们可以非常感激，可以感到无所谓，也可以不高兴或生气。对同样的事，人可以产生不同的感觉，又由不同的感觉产生不同的心情。人的心情又关系到了生活的质量。懂得感激的人自然就会有好心情，拥有好心情就拥有高质量的生活。

当人有感激之情时，就会感到美好，感到爱和幸福；反之，也就没有这种美好的体会。如果对于好事，人非但没有感激之情，反而生气，抱怨好事来得太晚或太少，那么这个人在生活中只能感受到人间的丑恶、冷漠和生活中的困难。对这样的人来说，无论有钱没钱、有时间没时间、有名气没名气，他的生活都不存在幸福和快乐。所以"你有什么样的感觉，就有什么样的生活"。

那么，就让我们从小事做起，让自己的眼睛能看到值得感激的事情，让自己的心对身边的人和事充满感激。那么，生活将会从此变得简单而幸福。

13. 根据上文，怎样才能拥有高质量的生活？
    A 常常得到别人的帮助   B 懂得感激别人
    C 不生气或对任何事都无所谓   D 拥有大笔钱财

14. 有感激之情的人不会觉得生活：
    A 困难   B 美好
    C 简单   D 幸福

15. 为什么有的人只感受到人间丑恶与冷漠？

A 别人不愿意帮助他　　　　B 可能认为别人帮的忙太少或不及时

C 觉得自己钱太少　　　　　D 他认为生活中没有快乐

题号	答案	题　解
1	C	关键词"巨大的鞋子""合算"对应"这样不是更划算一些吗？"
2	D	文中"许多人总想得到最大最好的东西，也不管自己用不用得上"与答案"不切实际的贪欲"相匹配。
3	B	关于中国人喝茶的段落中，"从早上一直到晚上，什么时候都可以喝茶"即是答案。
4	C	文中找到"纯茶"，"他们喝'纯茶'，不喜欢在茶里面放别的东西"一句就可定位到答案。
5	C	用对应排除法，在文中找到关键语句"一边喝茶一边吃一些东西"，与答案C相符。
6	A	同上，文中"快而且容易"与答案A"方便快捷"相符。
7	B	找到关键词"生活"，文中第一句"以替别人放羊来维持生活"就是答案。
8	D	问题句的关键词"弟弟""想飞起来"与文中"小儿子也对父亲说……"相对应，从而可找到答案。
9	D	用对应排除法，前三个选项都可在文中找到对应关键句。
10	C	问题句中关键词"天王巨星"，可在文中找到对应的关键句。
11	A	同上，关键词为"首选"。
12	C	用对应排除法，可在文中找到与C选项对应的句子"是20世纪后半期最有名的华语和日语女歌手之一"。
13	B	问题中关键语句"高质量的生活"，对应到文中第一段末尾就可找到答案。
14	A	通过对文中"有感激之情"和"没有感激之情"的评价词语，可找到答案。
15	B	找到关键词"丑恶""冷漠"，就可在文中找到原因"抱怨好事来得太晚或太少"，从而确定正确答案。

（三）猜测词义

猜词是扩大词汇量的重要途径之一，也是最有效的阅读策略之一。考试中遇到生词时，可以跳过去，而作为一个有经验的阅读者，完全有可能使用自己掌握的汉语语言知识，通过上下文和生词的构成来猜测词义。在阅读考题中，常出现一道猜测词义的题目。

1. 根据上下文线索猜测。

有两种上下文线索：

（1）上下文中有意义相近或相反的词语。

样题 72.

……这时，他忽然发现那位老喜剧演员正<u>目不转睛</u>地看着老板，观察老板的一言一行。

72. 第2段画线词语"目不转睛"形容老演员：

A 观察仔细　　B 非常谨慎

C 配合得很好　D 很尊敬那位老板

解析　根据下文中"老喜剧演员正目不转睛地看着老板，观察老板的一言一行"中"观察老板的一言一行"，可以推测答案"A 观察仔细"是正确选项。

（2）上下文中没有具体的与生词对应的线索词，要通过一个小句或几个小句来说明，需要考生自己来判断、总结。

如真题五 80：

那画家看这青年是个无名小卒，<u>连画都没让青年打开，就说自己有事，下了逐客令</u>。那<u>青年走到门口</u>，转过身说……

80. 第2段中"下了逐客令"的意思是：

A 让客人离开 B 亲自送客人
C 留客人吃饭 D 对客人很客气

解析 从文中画线语句的上下文可以猜测出正确答案是 A。

2. 通过汉字的表意偏旁猜测词义。

现代汉语中形声字占到 90% 左右,所谓"形声字"就是那些由形旁加声旁组成的字。形旁,提示这个字的意义,例如,"氵"常表示和水有关,如"湖、河、海、泳"等;"扌"常表示和手、动作有关,如"打、提、找"等。如:

"他用尽了一切手段贿赂他的老板,以便获得晋升的机会。"

"贿赂"一词最可能的意思是:

A 欺骗别人来帮助自己 B 花钱来让别人帮自己做事
C 让别人喜欢自己 D 对付别人

解析 "贿赂"两字的形旁"贝",常表示与钱财有关(古代最早时以贝为钱),所以正确答案是 B。

3. 通过语素义猜测词义。

语素是语言中最小的有意义的单位。汉语中的语素绝大部分是单音节的,也就是一个汉字就是一个语素。有的汉语语素具有很强的构词能力。如:

球:足球、篮球、排球、皮球、网球……

亲:亲手、亲口、亲笔、亲耳、亲身……

通过语素的意义就大体可猜测出词的意义。

真题二 79.

一个青年大学毕业后，曾为自己树立了许多目标，可是几年下来，依然一事无成，他决定去找一位智者。

他找到智者时，智者正在屋里读书。他向智者<u>倾诉</u>，智者听后微笑地对他说："来，你先帮我烧壶开水。"

……

79. 第2段中画线词语"倾诉"的意思最可能是：

A 祝贺   B 借钱
C 要水喝   D 说出心里话

解析　通过语素"诉"可知"倾诉"一词与说话有关，所以正确答案是D。含语素"诉"的词还有"告诉、痛诉、哭诉"等。

★ 习题训练

哪个选项与画线词语的意思一致？

1. 小张的父母都是音乐爱好者，在他们的<u>熏陶</u>下，小张从小就学会了拉小提琴。

   A 鼓励   B 帮助
   C 影响   D 教育

2. 听到这个<u>噩耗</u>，所有人都惊呆了，不少女生当场就伤心地哭了起来。

   A 可怕的事情   B 亲近的人去世的消息
   C 让人惊讶的消息   D 让人激动的事

3. 弟弟发烧,大夫给他开了保和堂的猴枣散。

    A 一种菜   B 一种动物

    C 一种水果   D 一种药

4. 听他这么一说,我恍然大悟,一下子什么都知道了。

    A 非常后悔   B 忽然醒来

    C 当然高兴   D 突然明白

5. 他整天不认真工作,什么事情都马马虎虎,吊儿郎当。

    A 容易上当   B 不认真

    C 像小孩儿一样   D 不马虎

6. 东方人说话常常比较委婉,而西方人比较直接。

    A 慢   B 不直接

    C 快   D 直接

7. 羊肉在锅里涮一下就能吃了。

    A 放在滚水里烫一下就取出来   B 大火炒

    C 放在火上烤   D 用刀切

8. 他拎了个木桶到河边去打水。

    A 跟   B 提

    C 背   D 看

9. 他<u>联络</u>了一些人，准备开一个小型晚会。

  A 合作   B 联系

  C 网络   D 通知

10. 你每天送小王回家，还常常给她买礼物，大家都觉得你们有在谈恋爱的<u>嫌疑</u>。

  A 被怀疑与某人某事有关系   B 非常喜欢的可能

  C 打算结婚的可能性   D 有很多问题

题号	答案	题解
1	C	根据上下文知道，父母爱好音乐，孩子受环境影响。
2	B	根据上下文知道，女孩子伤心地哭，应该是伤心的事。
3	D	根据上下文知道，弟弟发烧，大夫开的当然是药。
4	D	根据下文"一下子突然知道"，可知应该是"突然明白"。
5	B	根据上文"不认真""马马虎虎"，可知应该是"不认真"。
6	B	根据下文"而西方人比较直接"，可知应该是"不直接"。
7	A	"涮"的偏旁"氵"与水有关系。
8	B	"拎"的偏旁"扌"与手的动作有关系。
9	B	"联"这个语素组成的词一般有"接上关系"的意思。
10	A	"疑"这个语素组成的词一般有"怀疑"的意思。

三、第三部分模拟测试

第71–90题：请选出正确答案。（注：请在20分钟内做完。）

71–73.

　　这一天，偏远的小山村突然开进了一辆汽车。这可是件新鲜事，全村人都围了过来。从车上走下几个人，其中一个穿黑色夹克的中年男子问大家："你们想不想演电影？谁想演请站出来！"一连问了几遍，村民们都不敢吱声，好多人只顾和身边的人喃喃自语却不敢回答，心想着自己怎么可能是演电影的材料。

　　这时，一个十六七岁的女孩子站了出来。"我想演。"她长得并不漂亮，单眼皮儿，脸蛋红扑扑的，显露出一股山里孩子特有的顽强和憨厚。"你会唱歌吗？"中年男子问。"会！"女孩子大方地回答。"那你现在就唱一个！""行！"女孩子启齿就唱，一边唱还一边扭。

　　村人大笑。她唱得确实不好听，不但跑了调，而且唱到一半时还忘了词。可是没想到，那中年男子却用手一指："好，就是你了！"

　　这个勇敢地向前迈了一步的女孩子叫魏敏芝。她幸运地被大导演张艺谋选中，在电影《一个都不能少》中出演女主角，名字很快传遍了大江南北。

　　有些时候，机遇在人们面前是平等的，只是当机遇突然呈现到人们面前时，有的人却踌躇了，机遇与之擦肩而过；而有的人却主动站了出来，大胆追求，于是便博得了机遇的倾心。你可以说这是偶然，但你又怎能说这不是必然呢？

　　如果连尝试的勇气都没有，还有什么能改变你的人生呢？

71. 村民们为什么都不敢回答中年男子的问题？
　　A 害怕遇到骗子　　　　B 缺乏勇气和自信
　　C 只想来看新鲜事　　　D 长相不够漂亮

72. 女孩子的歌唱得：
　　A 很倔强　　　　　　　B 很好
　　C 不好　　　　　　　　D 歌词对了

73. 下列哪项最适合做上文的标题？

A 幸运的女孩儿　　　　B 勇敢地站出来

C 不会演电影的演员　　D 一个都不能少

74–78.

进入二十一世纪以来，人们的生活已经越来越离不开旅游了。最快捷的旅游方式当然是坐飞机，坐上现代化的飞机，你只用一天的时间就可以去一个很远的地方，而在一百多年前，去这个地方可能要一个多月。

坐火车比坐飞机慢很多，但是很方便。比如，你可以欣赏窗外不同的风景。另外，现代化的火车也有舒适的座位和餐厅，这可以让长途旅行变得有趣而轻松。

如果可能，有的人也愿意坐船旅游。坐船在海上航行、河上漂流，你可以慢慢参观不同的国家、不同的地方。坐船旅行度假也是一件既愉快又悠闲的事情。

年轻人更酷爱自己开车旅游。你可以自己自由安排时间，一天走三四百里或者五十到一百多里。只要自己喜欢，你可以把车停在任何地方：一个风景优美的村庄，一个有美味<u>佳肴</u>的小饭店，或者一个可以舒舒服服睡觉的小旅馆。

越来越多的人开始迷上骑自行车旅游。这是一种绿色的、健康的、简单易行的旅游方式，同时也是最经济实用的健身方式。但是，这种方式不只需要充足的体力，最重要的是坚强的信念，这两点不是每个人都能做到的。

74. 根据上文，如果你想比较舒服地欣赏沿途的风光，最好的方式是：

A 开车　　　　　　　B 坐火车

C 坐飞机　　　　　　D 骑自行车

75. 如果自己开车旅行，你：
   A 可以在很短的时间里去一个很远的地方
   B 可以自己安排时间
   C 让长途旅行变得有趣而轻松
   D 一天只能走五十到一百多里路

76. 第四段中画线的词语"佳肴"最可能是什么意思？
   A 舒适的房间　　　　　B 美丽的风景
   C 好吃的饭菜　　　　　D 漂亮的服务员

77. 关于骑自行车旅游，下面哪项不对？
   A 可以随时停下来去健身　　B 对身体有好处
   C 能节省钱　　　　　　　　D 体力要好

78. 上文说到了几种旅行方式？
   A 五种　　　　　　　　B 六种
   C 三种　　　　　　　　D 四种

79–82.

　　一位妇女看见三位蓄着花白胡子的老人坐在她家的门口，一边擦汗一边喘气，看样子他们是从很远的地方走来的，于是，这个妇女就对他们说："我想我不认识你们，但是你们一定又饿又累了，进来吃点儿东西吧。"

　　"我们不能一起进你家。"他们回答说。

　　"这是为什么呢？"她想知道。

　　其中一位老人解释说："他是'财富'，他是'成功'，我是'爱'。"接着他说："现在去和你的丈夫讨论一下，让我们哪一个进你家吧。"

　　这位妇女进去告诉丈夫刚才发生的事。丈夫说："我们请'财富'进来吧，他来了，我们家就有钱了。"妇女摇头说："亲爱的，我们为什么不请

'成功'呢？"这时，他们五岁的女儿走到了他们跟前，并且提出了自己的建议："请'爱'进来不是更好吗？"

他们听从了女儿的建议，于是这位妇女出去说："请'爱'进来成为我们的客人吧。""爱"站起来准备走进去，可是另外两位老人也跟着走了进去。

妇女问："我只请了'爱'，你们为什么也进来啊？"

这三位老人一起回答说："如果你请了'财富'或'成功'，另外两个就不会进去，但是你请了'爱'，无论他去哪儿，我们都会跟着他，因为哪儿有'爱'，哪儿也就有'财富'和'成功'。"

79. 一开始，谁想让"爱"进去？
    A 那位妇女　　　　　　B 她的丈夫
    C 她的女儿　　　　　　D "财富"和"成功"

80. 最后，三位老人中谁进去了？
    A "财富"　　　　　　　B "成功"
    C "爱"　　　　　　　　D "爱""财富"和"成功"

81. 根据上文，下列正确的是：
    A 哪里有"成功"，哪里就有"财富"和"爱"
    B 她的丈夫开始希望"成功"进他们家
    C 妇女最后把三位老人都请进了家
    D 爱是人生最重要的财富

82. 根据上文，那位妇女：
    A 很有钱　　　　　　　B 很善良
    C 觉得财富比成功重要　D 不想让三位老人一起进她的家

83–86.

李时珍是中国古代一位伟大的医学家和药物学家。他出生于医生世家，父亲给穷人看病，常常分文不收。李时珍从小就梦想长大后像父亲那样为人开药治病，救人于苦难之中。

但那时，民间医生地位很低，李家常受官绅的欺侮。因此，父亲决定让李时珍读书应考，以便今后能出人头地。但李时珍自小性格刚直纯真，他放弃了考科举做大官的打算，坚持向父亲学医，自己还偷着记下了不少药方。有一回，父亲在行医时遇到了一种很难治的病，李时珍悄悄地用一个古代传下来的药方治好了病人。从此，父亲便同意他当医生了。他二十二岁时开始给病人看病。

李时珍一边看病，一边研究药物。他发现旧药物书中有不少问题：很多有用的药没有收录进去，有些药只记个名字，还有一些药的作用记错了。他想，病人吃错了药，多危险啊！于是，他决心再编一部比较准确的药物书。

为了写好这部书，李时珍认识到，"读万卷书"固然需要，但"行万里路"更不可少。于是，他穿上草鞋，背起药筐，远涉深山旷野，遍访名医，搜求民间药方，观察和收集药物标本。

几年以后，他回到了故乡，开始写书。他花了整整二十七年，终于写成了一部著名的药物书——《本草纲目》。这部书记载了近两千种药物，是一部闻名中外的伟大著作。

83. 开始时，李时珍的父亲为什么不愿意儿子当医生？

  A 当医生太穷   B 当医生社会地位低

  C 当医生太累   D 当医生太危险

84. 后来，父亲同意李时珍学医，是因为李时珍：

  A 编了一部比较准确的药物书   B 亲自到各地去采药

  C 治好了难治的病   D 不怕苦，也不怕累

85. 李时珍决心自己编一部药物书的原因是：

A 他想把治病时积累的经验记下来

B 他想闻名中外

C 他发现病人常吃错药

D 他发现旧药物书中存在很多问题

86. 上文主要谈的是：

A 李时珍学医　　　　　　B 父子医生

C 李时珍与《本草纲目》　　D 药方与药物

87–90.

当我们遭遇危机时，很难不把沮丧、烦恼的情绪带入工作中去，那时，你很希望别人能体谅、同情你，甚至分担你的郁闷。结果，却发现大多数人对你的遭遇似乎无动于衷，也没有太多的人愿意花时间聆听你的不幸，你感到非常气恼：这些人连一点儿同情心都没有。

大多数人在情绪处于低潮的时候，总是希望别人能给予关怀，伸出援手。不错，"同情"是一种易于让人感觉的情绪，然而，难就难在同事之间的"同情"分寸究竟该如何掌握？

即使是朝夕相处的同事，也应该尊重别人的隐私。有时候别人过度的关心反而会帮了倒忙。因为，一个人在承受痛苦时，通常可能需要的是疗伤的空间，"请让我静一静好吗？"在这个时候，没有什么比别人在他们耳边唠唠叨叨更叫人心烦的了。

人际专家分析，一般情况下，人们不顺心时，很容易对别人产生不当的期待。譬如，你觉得你的工作伙伴应该配合你，你的上司应该照顾你，你的部下应该无条件支持你等等。结果，当周围的人无法向你提供任何帮助时，这些期待反而会对别人构成无形的压力。

记住，即使身陷苦海，你也应学会控制危机，找出方法，尽快帮助自己恢复到正常状态。

87. 大多数人情绪处于低潮时总是希望别人：
    A 在他们耳边唠叨   B 关怀自己
    C 对自己的遭遇无动于衷   D 帮助自己找出策略

88. 文章认为，人在不顺心时会产生：
    A 非常气恼的感觉   B 一种易于让人感觉的情绪
    C 不正当的期待   D 无形的压力

89. 根据短文，过分关心别人会：
    A 耽误时间   B 影响工作
    C 使人心烦   D 帮助别人恢复到正常状态

90. 根据短文，下面哪个是对的？
    A 人有时一点儿同情心都没有
    B 别人的关心会帮倒忙
    C 别人提供的帮助会对自己产生无形的压力
    D 要学会自己想办法摆脱不良情绪

题号	答案	题 解
71	B	关键词语对应定位，"不敢回答"在短文第一段中出现。
72	C	关键词语对应定位，"唱得"定位到"唱得确实不好听"，可得出选项 C 为正确答案。
73	B	带哲理的小故事，短文最后一句话就是主题句，"如果连尝试的勇气都没有，还有什么能改变你的人生呢？"由此可推断出选项 B 为最佳答案。

（续表）

题号	答案	题 解
74	B	问题句中"舒服""欣赏""沿途的风光"等关键词语与短文中"欣赏窗外不同的风景""舒适的座位"等对应。
75	B	问题句中关键词语"自己开车旅行"在文中可找到对应的答案。
76	C	通过上下文的"美味""小饭店"可知"佳肴"与吃的有关。
77	A	用对应排除法，可知"随时停下来去健身"不对。
78	A	快速扫描全文，很容易地找到"飞机、火车、船、汽车、自行车"五种旅行方式。
79	C	问题句中"让'爱'进去"与文中"请'爱'进来不是更好吗？"相对应，可找到答案"她的女儿"。
80	D	问句关键词之一"最后"对应短文的结尾："'爱'站起来准备走进去，可是另外两位老人也跟着走了进去。"可知答案为D。
81	D	用对应排除法，"哪儿有'爱'，哪儿也就有'财富'和'成功'"与选项D意思相近。
82	B	用对应排除法，"我想我不认识你们，但是你们一定又饿又累了，进来吃点儿东西吧"可知这个妇女很善良。
83	B	用直接对应法，问题句中关键语句"不愿意儿子当医生"，可在文中找到对应的关键句。
84	C	同上题。
85	D	同上题。
86	C	文章反复多次出现的"李时珍""书"为主题词。
87	B	问题句中的关键语句"情绪处于低潮"定位到文中可找到答案。
88	C	同上题。
89	C	同上题。
90	D	用对应排除法，通过把选项与短文对应，一个一个排除，最终确定正确答案为D。

四、阅读知识：记叙文、说明文与议论文的结构特点

记叙文是写人、写景、叙事、状物的一种文体，以写人物的经历和事物发展变化为主要内容。记叙文的表达方式以记叙为主，表达一定的中心内容，但往往也夹杂描写、抒情和议论，是一种形式灵活的文体。记叙文包括的范围很广，如日记、游记、人物传记、传说、新闻、通讯、小说等都属于记叙文的范畴。

记叙文一般由时间（指事件发生的时间）、地点（指事件发生的地方）、人物（指事件的中心人物）、事件（指事件的起因、经过、结果）构成。记叙文的六要素——时间、地点、人物、起因、经过和结果，也就是英文的五个"W"和一个"H"（when、where、who、what、why、how）。如果这六个要素有残缺，所记叙的事件就会交代不清。

真题四 71–74.

一个冬天，一个人带着猎狗去打猎。那个人一枪击中了一只兔子的腿，受伤的兔子拼命地跑，猎狗在它后面一直追。可是追了一阵，兔子跑得越来越远。猎狗知道实在是追不上了，只好回到猎人身边。那个人非常生气地说："你真没用，连一只受伤的兔子都追不到！"猎狗听了很不服气地说："我已经尽力而为了！"

那只兔子带着枪伤成功地逃回家里，同伴们都围过来惊讶地问它："那只猎狗很凶呀，你又带了伤，是怎么甩掉它的呢？"兔子说："它是尽力而为，我是用尽全力呀！它没追上我，最多挨一顿骂，而我若不用尽全力地跑，可就没命了！"

……

时间：一个冬天
地点：打猎的地方、兔子家

人物：猎人、猎狗、兔子

事件：猎人击中兔子，兔子拼命逃生，猎狗在后面一直追。

原因：猎狗只是尽力而为，而兔子害怕丢命只能用尽全力。

结果：兔子成功逃生，而猎狗挨了一顿骂。

说明文是以说明为主要表达方式来解说事物、阐明事理从而给人知识的一种文体。说明文一般介绍事物的情况、形状、构造、类别、关系、功能，解释事物的原理、含义、特点、演变等。说明文实用性很强，它包括说明书、规则章程、简介（产品、人物、名胜、书刊）、解说词、医药卫生书籍等。

一般来说，常见的说明顺序有三种：一是时间顺序，如某些事物的历史变革、人物的经历、植物的生长过程、产品的制作过程等，都可以采用时间顺序来说明。二是空间顺序，一般情况下，说明实体事物大多按其所处的空间位置安排顺序，依次说明它的形状、结构、布局等。三是逻辑顺序，按照事物的内在联系进行说明。

说明文的结构有两种：一是总分式，包括"总—分"式、"总—分—总"式、"分—总"式。"总"就是从整体总括说明对象，"分"就是从几个方面、部分、分支来分别说明对象。二是并列式，被说明对象的各要素、各部分之间的关系是平行的，在行文上，读者可以看到并列的两个或两个以上的部分。

样题 46–48.

（总）长时间看电视，不但会损伤眼睛，还会使人体受到辐射，所以和电视保持一定的距离很有必要。

（分）那么，离多远才能将伤害降到最低呢？专家指出，与电视之间的距离应根据电视屏幕的大小来调整。最佳距离应该是屏幕对角线长度的4至6倍，但这样量有些费劲儿。其实还有一个简单的方法：面对电视伸直胳膊，横放手掌，使之与眼睛处于同一水平线，然后闭上一只眼，慢慢调整身体与电视之间的距离，当手掌正好能把电视挡住时，那时站立的地方就是观看电视的最佳位置。

议论文是作者对某个问题或某件事进行分析、评论，以表明自己的观点、立场、态度、看法和主张的一种文体。在现代社会中，议论文包括政论文、各种短评、学术论文、文学影视评论、读后感、演讲稿等等。

一篇议论文通常包含三要素，即论点、论据和论证。论点，是作者对所论述的问题提出的主张和态度，它是一篇文章的灵魂，一篇文章一般只有一个中心论点。论据，是作者用来论证的根据和理由。论证，就是用"论据"来证明"论点"的过程。论证一般分为立论和驳论两大类型，立论是对事件或问题从正面阐述作者的见解和主张，驳论是对事件和问题发表议论，从反面阐述作者的见解和主张。

议论文的基本结构是：提出问题（引论）、分析问题（本论）和解决问题（结论）。有"总论—分论—总论"式，先提出论点，而后从几个方面阐述，最后总结归纳；有"总论—分论"式，先提出论点，然后从几个方面论证；有"分论—总论"式，先对所要论述的问题分几个方面剖析，然后综合归纳得出结论。

真题二 83-86.

总论 ⟹ 电视带给我们许多快乐，使我们学到了很多知识，丰富了我们的文化生活，但电视也给我们带来了很多坏处。

分论 ⇒ 　　第一，电视使我们的家庭缺少了感情。在家里，我们过多地看电视，忽视了家庭成员之间的交流，使家庭缺少了大家在一起聊天儿、欢乐的时间。第二，电视使我们花去了很多可以用来看书、学习的时间。那些特别喜欢看电视的孩子，会对学习失去兴趣，导致学习成绩下降。第三，电视会伤害我们的身体。许多人看电视看到很晚，每天睡眠时间严重不足，不但影响工作，而且影响身体健康，长时间地看电视还会对眼睛产生影响，很多人因为看电视而戴上了眼镜。第四，看电视使我们减少了社会活动，有了电视，我们不再喜欢到朋友那里去，很多人靠待在家里安安稳稳地看电视来度过时间。

总论 ⇒ 　　总之，电视带给我们知识和娱乐，它带给我们的快乐是主要的，但同时它也带来了一定的危害。重要的是我们怎样来充分利用电视，怎样来看电视。

考前准备三

HSK（五级）阅读考试模拟题

模拟试题（一）

一、试题

 第一部分

第 46-60 题：请选出正确答案。

46-48.

　　大约在四千多年前，有一天，神农氏正在户外烧开水，一片叶子落下来，正好掉在很 _46_ 的水里，神农氏想把这片叶子捞出去，可是慢了一步，叶子已经在锅里 _47_ 烂了。神农氏闻了一下，发现锅里的水很香，喝下去马上觉得头脑清醒，精神 _48_ ，原来这片掉进水里的叶子，就是茶。有人说，这就是中国人喝茶习俗的开始。

46. A 浓　　　　B 烫　　　　C 重　　　　D 嫩
47. A 炒　　　　B 煮　　　　C 冻　　　　D 晒
48. A 舒适　　　B 痛苦　　　C 惭愧　　　D 兴奋

49–52.

北宋时期,有个叫杨时的人,他特别喜欢学习,到处寻找老师,曾在著名学者程颢那里学习。程颢死前,又将杨时 49 到他弟弟程颐门下。

杨时那时已四十多岁,学问也相当高,但他仍 50 谨慎,深得程颐的喜爱。

一天,下着大雪,杨时和同学一起去向程颐请教 51 ,不巧赶上老师正在屋中睡觉。杨时便劝告同学不要叫醒老师,于是两人静立门口,等老师醒来。杨时和同学在雪中站了好久,同学实在冻得受不了,几次想叫醒程颐,都被杨时阻止了。

直到程颐一觉醒来,才发现门外的两个雪人。 52 ,从此,更加尽力教杨时,杨时也学到了老师的全部学问。

49. A 保留　　　B 传递　　　C 推荐　　　D 雇佣

50. A 朴素　　　B 谦虚　　　C 自豪　　　D 寂寞

51. A 智慧　　　B 课程　　　C 成果　　　D 学问

52. A 程颐深受感动　　　B 程颐认为他们很傻
　　C 他们深受感动　　　D 程颐很无奈

53–56.

一户人家在搬家时发现柜子里面有两只老鼠。大家赶快去打,却又突然停了手——人们发现那两只老鼠有些特别:它们并没有 53 ,而是从容地互相碰碰头,然后,其中一只老鼠便轻轻 54 同伴的尾巴,它们竟像手拉手横穿马路的孩子那样,慢慢走了……原来 55 。那只健全的老鼠不忍心丢下可怜的同伴,就把自己的尾巴送到同伴嘴里,带着它离开危险的地方。看着这悲壮的一幕,人们心软了,让出一条道,目送这两只老鼠 56 逃走。

53. A 悲观　　　　B 慌张　　　　C 遗憾　　　　D 糊涂

54. A 咬住　　　　B 踩住　　　　C 挡住　　　　D 喊住

55. A 前面那只老鼠瞎了　　　　B 后面那只老鼠瘸了
    C 两只老鼠都瞎了　　　　　D 后面那只老鼠瞎了

56. A 胜利　　　　B 疯狂　　　　C 痛苦　　　　D 不好意思

57–60.

在一张新 57 的月球照片中，竟然出现了一个新月形状的图案，原来那里竟然横着一座石桥！ 58 ？

这座桥当然不是人类修建的，它是自然 59 的桥。

不过这次发现的石桥十分 60 ，它竟是天上飞来的石头"创造"的。一次，天上的石头撞击了月球表面，形成了那个小坑，撞击的能量导致附近的岩石变成液体，使地下出现了一个洞，形成了这座天然桥。如果有一天你站在这座桥上，一定会被大自然的神奇折服。

57. A 传播　　　　B 发明　　　　C 公布　　　　D 记录

58. A 这真的是一座桥吗
    B 月球上真的有一座石桥吗
    C 谁在月球上修建了这座桥呢
    D 这座桥是一直都存在的吗

59. A 形成　　　　B 成立　　　　C 建立　　　　D 展开

60. A 古典　　　　B 特殊　　　　C 幸运　　　　D 可怕

第二部分

第 61-70 题：请选出与试题内容一致的一项。

61. 早餐不能不吃。许多研究都指出：吃一顿好的早餐可以让人在早晨思维敏捷，反应迅速，并提高学习和工作效率。研究也发现：习惯吃早餐的人比习惯不吃早餐的人更能保持良好体型，记忆力也更好。如果你来不及吃早餐，应事先准备好面包、水果、酸奶之类的食物带到办公室，这样就能保证饿的时候随手取到一份早餐，及时为工作"加油"。

A 不吃早餐可以减肥
B 没时间可以不吃早餐
C 吃早餐能让人变聪明
D 早餐对工作非常重要

62. 在又热又湿的天气里，对于健康的保持方式应该根据人和地方的不同有所区别。比如在中国北方干燥地区生活时间长的人，对闷热天气的反应会更大。南方地区的人往往会将室内空调温度调得特别低，这就需要注意室内外温度的差别。

A 北方有很多又湿又热的天气
B 北方人喜欢把空调调到很低
C 在湿热天气里南北方人的保健方法不同
D 南方人对闷热天气的反应比北方人大

63. 小小阳台其实也是种菜的好地方。在阳台种菜，一方面要根据个人爱好和需要而定，另一方面要考虑自家阳台的环境条件适合哪些蔬菜。一般说来，如果空间允许，大多数蔬菜瓜果都可在阳台上栽种。阳台的阳光条件和封闭情况则决定了植物种植的种类。

    A 阳台是种菜的好地方
    B 阳台上什么都可以种
    C 喜欢什么就可以种什么
    D 阳台上的阳光很充足

64. 英国一家大学的研究人员说，无名指比食指长的男性，他的无名指越长，那他得心脏病的概率也就越低。食指长的男性，心脏病的得病年龄在35—80岁之间；无名指长的男性，得心脏病的年龄却推后至58—80岁之间。

    A 英国男人无名指比食指长
    B 无名指长的人不得心脏病
    C 85岁以上的男性不会得心脏病
    D 无名指长的男性可能晚得心脏病

65. 每天运动30分钟就可以让人从中获益，如可以预防心脏病、肥胖等。有的研究甚至指出，运动可以让人感到快乐、增强自信心。如果你很久没有运动，建议你可以从最简单的走路运动开始，每天快走20—30分钟，持续走下去，一定能感受到许多好处。

    A 运动不要超过30分钟
    B 运动可以治好很多病

C 运动能让人感到快乐

D 慢慢走可以增强自信

66. 许多人把工作上的事也带到床上，他们躺在床上想的却是白天的工作。如果你发现自己也是这样，不妨找一把"焦虑之椅"，上床睡觉前，先安静地在上面坐十分钟，仔细回顾一天中发生过的事情，你可能什么问题都解决不了，但至少可以在脑子里给它们排个顺序，找到明天最先要解决的事情。

A 在床上想白天工作中的事不好

B "焦虑之椅"能帮人很快睡着

C 在"焦虑之椅"上能解决问题

D "焦虑之椅"会让人产生焦虑

67. 如果说到旅馆中睡睡觉也能赚钱，恐怕没有任何人会相信。然而，世界上就有人从事着这样一份轻松的工作，他们可以被称为"试睡员"。他们每个星期会到世界各地的旅馆的床上睡三到四次觉，测试这些床的"舒适度"，确保这些床能让旅客感到像睡在自家床上一样舒适，很快就能进入甜蜜的梦乡。

A 在旅馆中睡觉没法赚钱

B 试睡员的工作只在国内

C 试睡员要测试床的舒适度

D 试睡员能很快进入梦乡

68. 随着人类文明的发展，我们对大自然的破坏也越来越严重。尤其是近一百年以来，人类活动对地球的生态环境造成了极大的影响：气候变暖，海啸、地震经常发生等自然问题，已经严峻地摆在了我们眼前。越来越多的人认识到"我们只有一个地球"，这就是"地球日"的由来。

A 人类发展对自然环境没有影响

B 最近一百年地震发生次数不太多

C 气候变暖与人类的破坏有关系

D 对于自然环境的恶化我们没有办法

69. 龙井泉是一个圆形泉池。山泉水从山上的石头之间流出，流到池中，这样即使在很久不下雨的情况下，池水也不会变干。古代的人以为是因为池子跟海相连，里面有龙，所以就称池子为"龙井"了。因为在龙井泉旁建了寺院，寺院里又种了茶树，那茶，也就被叫作"龙井茶"了。

A 龙井泉里面住着一条龙

B 先有龙井茶后有龙井泉

C 不下雨的时候池子里没有水

D 龙井泉的水来自山上的泉水

70. 有两个人相约到山上去寻找精美的石头，甲背了满满的一筐，乙的筐里只有一块他认为是最精美的石头。甲就笑乙："你为什么只挑一块啊？"乙说："漂亮的石头虽然多，但我只选一块最精美的就够了。"下山的路上，甲感到负担越来越重，最后不得已不断地从一筐石头中挑一块最差的扔下，结果到山下的时候，他的筐里也只剩下一块石头。

A 甲和乙都挑了很多精美的石头

B 乙认为山上漂亮的石头很少

C 甲把一筐石头都背到了山下

D 最后甲和乙都只有一块石头

第三部分

第71-90题：请选出正确答案。

71-74.

家里有一只盛水的瓦罐，用了十多年，父亲一直舍不得扔掉。一次，我倒开水，一不小心把瓦罐碰到了地上，瓦罐被摔出了长长的裂缝。我想，这下父亲该把瓦罐扔掉了吧。可父亲没有，而是把它好好地搁起来了，说以后也许能派上用场。

过了一段时间，父亲在阳台上养了很多盆花，其中有一盆花长得特别艳丽。我一看花盆，正是那只有裂缝的瓦罐。父亲见我疑惑不解的样子，就说，瓦罐有了裂缝，不能用来盛水，但用来养花最合适。花盆里的雨水一旦多了，水就会顺着裂缝自动地渗透出来，使花盆不至于积水，花也就有了一个良好的生长环境，所以长出来的花也就比其他的花更娇美了。

我们每个人都可以说是一只有裂缝的"瓦罐"，不完美，有缺陷，但这并不可怕，可怕的是看不到自己的价值，认为自己一无是处，从而"破罐子破摔"。同时，如果我们在生活中不幸摔破了"瓦罐"，比如遭遇一次失误，千万不要<u>气馁</u>，不要停下前进的脚步，人生价值的实现方式有很多种，当其中一种行不通时，我们还可以有其他选择，因为上帝总是在给我们关上一扇门的同时，又会为我们打开另外一扇窗。我们只要用心珍惜，扬长避短，人生就可以开出美丽的花朵。

71. 父亲为什么不想扔掉那个瓦罐？
    A 瓦罐还不太旧   B 瓦罐还可以装水
    C 瓦罐可能还有用   D 瓦罐没有裂缝

72. 当"我"看到阳台上用旧瓦罐养的花时，父亲向"我"解释说：
    A 阳台上有一盆花长得特别艳丽
    B 瓦罐有了裂缝也可以用来装水
    C 花需要一个良好的生长环境
    D 有裂缝的瓦罐最适合养花

73. 第三段中画线的词"气馁"最有可能是什么意思？
    A 鼓起勇气前进   B 因不幸而失望
    C 失去前进的勇气   D 困难太多而生气

74. 上文告诉我们一个什么道理？
    A 不要浪费旧瓦罐   B 遇到失败不要气馁
    C 生活中有很多不幸   D 人一定要实现自己的价值

75-77.

今天，短信已成为一种生活方式。过年过节时，人们互相发短信表示祝贺；看电视互动节目时，人们发短信参与；向对方表示难以启齿的爱意时，也用短信……总之，短信现在真可谓无处不在，同时有意思的短信也越来越多。

短信的消费群体主要是时髦而又年轻的都市人，在这一群体中，大学生是短信使用最多的一类人。而有趣的是，一些短信的"发明者"大多数也是在校的大学生。以编写短信为主要收入来源的公司，都乐于聘请在校大学生做兼职。公司聘请大学生做兼职短信写手，原因有三：一是大学生受过良好的教育，有一定的文字功底，而且具备电脑操作技能；二是大学生道德和法律观念强，不会对社会产生不良影响；三是大学生能快速抓住新生事物，并反映出来。而且，请大学生也的确比请专业写手要经济得多。

75. 关于短信，下面哪项是正确的？
   A 只有大学生喜欢发短信
   B 时髦而又年轻的都市人最爱发短信
   C 人们用短信收看电视节目
   D 短信都很有意思

76. 关于短信公司请大学生写短信的原因，下面哪个不对？
   A 请大学生写花钱少
   B 大学生写的内容新
   C 请专业写手比大学生经济
   D 大学生比较会写短信

77. 上文主要谈的是：
   A 为什么有意思的短信越来越多
   B 为什么大学生是短信消费的主体
   C 为什么很多编写短信的人是大学生
   D 为什么大学生喜欢写短信

78–82.

某大型商场要招聘一名收银员，在几十个应聘的人中有三位女士很幸运地进入复试，复试由商场老板亲自主持。

第一位女士刚走进老板的办公室，老板便甩出一百元钱叫她去楼下的小卖部买一包香烟。那位女士一看，自己还没被正式录取，老板就让她做这做那，而且老板的钱是甩出来的，认为有伤自尊心。她瞧都没瞧那钱，便生气地离去了。

第二位女士笑眯眯地拿起钱，看也没看就去买烟，结果别人告诉她钱是假的。这位女士刚失业，急需这份工作，就自己拿出一百元钱给老板买了一包烟，并把找回的零钱全部交给老板。但老板并没有录用她，而是把钱还给了她。

第三位女士进来了，她一拿起老板甩来的钱便发现钱是假的，于是就当面把钱给了老板，老板微笑着接过假钱，马上和她签订了雇佣合同，放心地把商场的收银工作交给了她。

一位收银员之所以合格，不是因为她有着强烈的自尊心或她受得了委屈，而是因为她具备把工作真正做好的能力。这和我们做其他工作是一样的，做一名合格者，首先需要我们认识到自己工作的真正需求，然后明白自己是不是真正具备工作需要的能力。因为，只有真正具备适合所做工作的能力，才永远不会被工作排斥。

78. 第一位女士：

  A 很懒   B 瞧不起 100 块钱

  C 怕丢面子   D 不喜欢受委屈

79. 第二位女士为什么要拿自己的钱给老板买烟？

  A 她怕老板不要她   B 她发现老板的钱是假的

  C 她想骗老板   D 她的脾气太好了

80. 老板为什么雇佣了第三位女士？

  A 她发现了老板是在和她玩笑

  B 她有自尊心

  C 她能忍受委屈

  D 她有能力

81. 老板最想找一个什么样的收银员？

  A 不骗人的   B 不生气的

  C 合适的   D 有耐心的

82. 上文主要谈的是：
   A 怎样做到真诚　　　　B 怎样才不会受委屈
   C 怎样做一个合格者　　D 怎样才会有自尊

83–86.

"超人"里夫于2004年10月10日因心脏衰竭去世,世人在感叹"超人"超乎寻常的意志力和生命热情时,往往忽略了"超人"生命力的源泉——那个"超人"背后的女人,那个自"超人"1995年出事后就守护着他不离不弃的女人。

1995年,"超人"在一次赛马活动中不幸严重受伤,高位截瘫,脖子以下的身体失去了一切功能。从此,"超人"及其家人的生活完全改变。出事前,"超人"里夫与妻子丹娜在好莱坞影坛双双走红,主演过很多电影,深受观众喜爱。出事后,丹娜一天到晚待在特级护理病房内,整整30天没出门。从1995年开始,她一直不离不弃地悉心照顾里夫,并不断帮助他重拾生活的勇气,创造生命的奇迹,一晃10年。尽管丹娜失去了女人应该得到的一切,尽管她的丈夫在长达10年的时间里甚至不能伸出手臂抱抱她,但丹娜依旧深情地说:"他永远是我丈夫,我永远都是他的妻子,他是我的一半,我也是他的一半,我们谁也离不开谁。"

83. 根据上文,可以知道"超人"里夫：
   A 脖子受了伤　　　　　B 现在还很走红
   C 在一次赛马活动中去世　D 出事后双手失去了功能

84. "超人"的妻子：
   A 以前是一名医生　　　B 曾经做过演员
   C "超人"出事后一直没有出门　D 失去了一切

85. "超人"是什么时候出事的？

　　A 10 年前　　　　　　　　B 1995 年
　　C 2004 年　　　　　　　　D 15 年前

86. 下面哪个最适合做上文的标题？

　　A 不平常的意志力　　　　B "超人"的故事
　　C 生命的奇迹　　　　　　D 不离不弃的女人

87–90.

　　自言自语、大声唱歌、常吃冷食、起床不立即叠被……常被人们认为是坏习惯。可是，你是否知道这些"坏习惯"常给我们的健康带来意想不到的效果。

　　自言自语对自己有镇静作用，且增加安全感，可以调整紊乱的思绪，尤其是在紧张、劳累时，想说什么就说什么，这样会感到轻松愉快。

　　大声唱歌使呼吸系统的肌肉得到积极锻炼，其作用比得上游泳、划船等体育锻炼。另外，唱歌还能调节不愉快的情绪。

　　科学家认为，适当降低体温是人类通向长寿之路。吃冷食和游泳、洗冷水澡一样，可使饮食热量平衡，保持头脑冷静，在一定程度上能够起到降低体温的作用，延长寿命。

　　由于人体皮屑、汗液、废气等常常聚集成复杂的污染源，如果起床后立即叠被子，这些有害物质就容易留在被子里。所以早上起床应先打开窗户，将被里朝外展开一会儿，让水分、气体自然散发。忙完别的家务，然后再去叠被。

87. 大声唱歌：

　　A 是一种坏习惯　　　　　B 是一种体育运动
　　C 让人心情好一些　　　　D 让人变得有肌肉

88. 吃冷饮有什么作用？
   A 感觉像洗冷水澡　　　　B 调节不愉快的情绪
   C 减轻劳累　　　　　　　D 降低体温

89. 起床后为什么不要马上叠被子？
   A 要先忙别的家务　　　　B 窗户还没打开
   C 被子里有有害物质　　　D 房间里有水分和气体

90. 上文主要谈的是什么？
   A "坏习惯"并不一定坏　　B "坏习惯"是不礼貌的
   C "坏习惯"让人长寿　　　D "坏习惯"有害健康

二、答案与题解

第一部分

46. B	47. B	48. D	49. C	50. B
51. D	52. A	53. B	54. A	55. D
56. A	57. C	58. C	59. A	60. B

第二部分

题号	答案	题解
61	D	选项 D 是对原文主旨的归纳。
62	C	原文主旨是第一句话，也就是文章中心句。选项 C 是主旨的另一种说法。
63	A	原文主旨是第一句话，选项 A 与之完全一致。
64	D	选项 D 是原文细节的另一种说法，重点词语是"推后"。
65	C	原文"运动可以让人感到快乐"与选项 C 一致。

(续表)

题号	答案	题　解
66	A	短文开头列举了一种现象，后文则针对这种现象提出了解决办法，从而可以推断出"在床上想白天工作中的事不好"。
67	C	选项 C 是原文句子"他们每个星期会到世界各地的旅馆的床上睡三到四次觉，测试这些床的'舒适度'"的另一种说法。
68	C	"人类活动对地球的生态环境造成了极大的影响"，所以气候变暖与我们的破坏有关系。
69	D	细节考查。选项 D 是原文第二句的另一种说法。
70	D	细节考查。要读懂原文的故事大意。甲和乙在挑选石头时过程虽然不同，但结果是一样的，就是到山下的时候都只有一块石头。

第三部分

题号	答案	题　解
71	C	关键词语对应："可父亲没有，而是……说以后也许能派上用场。"
72	D	"用来养花最合适"与"有裂缝的瓦罐最适合养花"相符。
73	C	根据下文"不要停下前进的脚步"，可推测词义。
74	B	最后一段的主题句"遭遇一次失误，千万不要气馁，不要停下前进的脚步"，与选项 B 一致。
75	B	用排除对应法。文中"短信的消费群体主要是时髦而又年轻的都市人"与选项 B 一致。
76	C	用排除对应法。选项 C 刚好与文中意思相反，所以不对。
77	C	文章中"公司聘请大学生做兼职短信写手，原因有三"与选项 C 一致。
78	D	答案在第二段中："认为有伤自尊心。她瞧都没瞧那钱，便生气地离去了。"因此可以看出这位女士不喜欢受委屈。

(续表)

题号	答案	题 解
79	A	答案在第三段中:"这位女士刚失业,急需这份工作,就自己拿出一百元钱给老板买了一包烟……"
80	D	答案在第四段中:"发现钱是假的……把钱给了老板,老板微笑着接过假钱……"由此可知老板看中了她作为一名收银员的基本能力。
81	C	文中最后一段第一句"因为她具备把工作真正做好的能力"是关键句。
82	C	文中最后一段有主题句:"做一名合格者,首先需要……"
83	D	用排除对应法。文中"脖子以下的身体失去了一切功能"与选项D一致。
84	B	用排除对应法。文中提到"超人"里夫与妻子主演过很多电影,与选项B"曾经做过演员"一致。
85	B	用直接对应法。"1995年,'超人'在一次赛马活动中不幸严重受伤……"
86	D	第一段和第二段的最后都有主题句。
87	C	用排除对应法。文中"唱歌还能调节不愉快的情绪"与选项C"让人心情好一些"意思一样。
88	D	用排除对应法。文中"能够起到降低体温的作用"与选项D"降低体温"意思一样。
89	C	用直接对应法。"如果起床后立即叠被子,这些有害物质就容易留在被子里"与选项C"被子里有有害物质"一致。
90	A	文章开头有主题句:"'坏习惯'常给我们的健康带来意想不到的效果。"

三、自我评估表

填写下面的表格,评估模拟试卷(一)的测试结果(在教师指导下或自我评估）。

	正确题数/错误题数	分数	你认为本题型的考查目的是什么？	你认为本题型你的错误原因是什么？	你认为用什么方法可以提高你做本题型的正确率？	综合分析，你的汉语阅读优势有哪些？（请画✓）
第一部分 46–60.	/		A. 词汇量 B. 语法点 C. 阅读速度 D. 阅读技巧 E. 其他（请自己填写）_____	A. 词汇量不够 B. 语法基础差 C. 阅读速度较慢 D. 缺少阅读技巧 E. 阅读数量少 F. 其他（请自己填写）_____		1. 词汇量较大 2. 语法基础好（句子理解快） 3. 阅读速度快 4. 汉语语感好 5. 喜欢（母语）阅读 6. 各种知识与经验较为丰富 7. 推理与猜测（文章、句子、字词意思）的能力较强 8. 善于把握文章的文体和结构，从而把握文章大意 9. 其他（请自己填写）_____
第二部分 61–70.	/		A. 词汇量 B. 语法点 C. 阅读速度 D. 阅读技巧 E. 其他（请自己填写）_____	A. 词汇量不够 B. 语法基础差 C. 阅读速度较慢 D. 缺少阅读技巧 E. 阅读数量少 F. 其他（请自己填写）_____		
第三部分 71–90.	/		A. 词汇量 B. 语法点 C. 阅读速度 D. 阅读技巧 E. 其他（请自己填写）_____	A. 词汇量不够 B. 语法基础差 C. 阅读速度较慢 D. 缺少阅读技巧 E. 阅读数量少 F. 其他（请自己填写）_____		
阅读总分	/100 分					
及时发现问题并给出解决方案						

模拟试题（二）

一、试题

第一部分

第 46–60 题：请选出正确答案。

46–48.

每一个人都要 __46__ 快乐。哪个人不愿意自己生活得快乐一点儿？有人说，人生来就是痛苦的，哪有快乐？正因为这样，寻找快乐才是我们应该努力的一个方向！人生活的 __47__ 目的是什么呢？可以说是为了"快乐"二字。成功的事业、富足的家产、自我 __48__ 都是为了最终的快乐。

46.	A 主张	B 追求	C 称赞	D 忽视
47.	A 毕竟	B 临时	C 始终	D 根本
48.	A 显示	B 赞成	C 实现	D 否定

49–52.

动物园里来了一位哲学教授，他向动物们传授哲学。哲学教授讲了好多空洞的 __49__ ，接着又说："任何事情都必须从基础做起，就好像任何建筑都必须从底层建起一样。"有一只青蛙向教授 __50__ ："请问教授， __51__ ？"哲学教授看了青蛙一眼："当然！井底的青蛙！"青蛙说："正因为是井底的青蛙，我才问您，难道打井也从底层建起吗？"哲学教授被问住了。动物们纷纷说:"是啊,即使是井底的青蛙,也有自己 52 的见解,何况其他动物呢?"

49. A 理论　　　B 步骤　　　C 结论　　　D 时代

50. A 提问　　　B 承认　　　C 射击　　　D 销售

51. A 您真是教授吗

B 真的所有建筑都必须从底层建起吗

C 您是建筑师吗

D 真的所有建筑都必须从顶层建起吗

52. A 古老　　　B 平常　　　C 独特　　　D 自私

53–56.

相传为了 53 乾隆皇帝生日,官员们都送来礼品——各种贵重的、少见的东西。宰相刘墉却提着一桶姜,献给皇帝。

大家都很吃惊。乾隆皇帝更是不明白,问刘墉是什么意思。刘墉说道:"请皇上细看这生姜是什么 54 。"

乾隆端详了一会儿,说:"我看好像层层叠叠的山啊!"

刘墉道:"正是。我以为他们所献礼品都不及我的贵重。我所献的是'一桶(统)姜(江)山'(统一的国家)。希望皇上永远统治大清天下。"

乾隆听了, 55 。

刘墉能拿 56 的东西换取皇上的喜悦,是因为他抓住了统治者的心理。

53. A 嘲笑　　　B 庆祝　　　C 盼望　　　D 怀念

54. A 结构　　　B 观念　　　C 方案　　　D 形状

55. A 非常高兴　B 非常愤怒　C 非常痛苦　D 非常惭愧

56. A 宝贵　　　B 恐怖　　　C 平常　　　D 难看

57–60.

在地铁、路边或餐厅里，当有人当着你的面大声打电话时，<u>57</u>？

美国心理学家发现，打电话的人对旁边人的刺激非常 <u>58</u>，因为唠唠叨叨的说话声会迫使听众的注意力从他们正在做的事情上移开，而这些听众只能被动地听打电话者的唠叨，没有双向交流的机会，于是会产生不安的 <u>59</u>。正因为这样，司机在开车的时候不仅会因自己打电话而受到影响，还会因为车上乘客打电话而被搅得心神不宁，容易出事故。所以作为 <u>60</u> 人，我们在公共场合打电话，一定要压低声音。

57. A 你知道他们在说什么吗
    B 你会偷听他们说的是什么吗
    C 你为什么会觉得他们令人讨厌呢
    D 你为什么会觉得他们令人高兴呢

58. A 平静　　B 独特　　C 优美　　D 强烈
59. A 声调　　B 心理　　C 语气　　D 风格
60. A 出色　　B 大方　　C 文明　　D 热心

第二部分

第 61-70 题：请选出与试题内容一致的一项。

61. 在炎热的凤凰古城逛街，必须要来一杯清凉的凉粉降降温。这里的凉粉是用吸管喝的，凉粉放在冰箱里，吃的时候浇上红糖水，再撒上由白糖、花生碾成的粉末，冰凉而细滑，绝对让你从里到外都感觉到凉爽。

A 凉粉本来就很凉
B 喝凉粉不需要工具
C 凤凰古城凉粉味道不错
D 凤凰古城总是非常炎热

62. 这里的点心很多都是旧式的做法，也许和现在的很多点心味道上会有差异，不过用料还算新鲜，味道不一定非常好吃，但毕竟我们更想体验的是当地人的生活，吃的是那份记忆和怀念。

A 这里的点心非常好吃
B 这里的点心用料不算新鲜
C 旧式点心能使人回忆过去
D 旧式的点心跟现在的相同

63. 茶楼入口不大，正对着楼梯，上到二楼才是大厅。当我看到茶楼的墙和楼梯时，我心里稍稍明白了一些，看来这是一家相当有历史的茶楼。只是当时没想到，它居然是澳门现存的唯一一家老茶楼。

A 茶楼的大厅在二层
B 茶楼的楼梯一定很新
C 这家茶楼历史不太长
D 澳门现在还有很多老茶楼

64. 一家有名的杂志社评选出地球上最幸福的20个国家。其实，再幸福的国家，也有不幸的人。再不幸的国家，也有幸福的人。人要想获得幸福，只有一种方法：帮助别人。

A 地球上只有20个幸福的国家
B 幸福的国家里人们都很幸福
C 帮助别人可以获得幸福
D 获得幸福的办法还有很多

65. 世界上没有哪一种工作不需要和别人打交道。而人与人之间进行思想交流、感情沟通，最直接最方便的办法就是使用语言。一个善于讲话的人，通过良好的语言表达，可以跟同事友好地相处，结成友谊。而不善于沟通的人，就得不到同事的认可和赞同。

A 工作中善于讲话有很多好处
B 跟人打交道只能使用语言
C 不善于沟通的人没办法工作
D 善于说话的人得不到同事的喜爱

66. 细节是平凡的、具体的、零散的，如一句话、一个微笑、一个动作……细节很小，容易被人们忽视，但是它的作用却非常大。如果说幸福是一座大楼，那么无数个细节就是建成这座大楼的石块和砖瓦等小材料。

A 每个人都很重视细节
B 细节很小，所以没什么用
C 很多细节能组成幸福
D 大楼比石块更重要

67. 在一些不熟悉的场合，当别人友好地看着你时，你微微一笑，那么你们之间的关系就不会显得紧张，反而会变得自然，这种笑容容易使人产生好感。一项调查询问了几百位男士："你最喜欢女人的什么样面部表情？"答案大部分是：微笑。

A 微笑会让人变得紧张

B 微笑容易让人产生好感

C 对所有人都应该微笑

D 所有男士都喜欢微笑

68. 黄石公园里有一个叫老实泉的地方特别有趣。这个老实泉不仅出水多，而且出水特别守时，总是每隔一小时出一次水，从不提前，也从不迟到，所以才得了这个"老实"的美名。可是，后来因为地震，老实泉发生了变化，现在不如从前那么遵守时间了。

A 老实泉因为守时所以得了美名

B 老实泉不常出水所以说很老实

C 老实泉一直到现在都很"老实"

D 地震对老实泉没什么影响

69. 中国民间有很多有趣的习俗。比如中秋节夜里，孩子们在月亮还没出来时，就钻进附近的田地里，摸一样东西回家。如果摸到葱，父母就认为这孩子长大后很聪明；如果摸到瓜果，父母就认为孩子将来不愁吃喝，事事顺利。人们把"摸秋"当作游戏，不算偷盗。但是过了这一天，家长就要求孩子，不准到瓜田里拿人家的一枝一叶。

A 摸秋要在白天进行

B 摸秋是一种有趣的习俗

C 摸到葱是不愁吃喝的意思

D 摸秋是一种偷盗，不应支持

70. 到了一个城市，不尝尝当地的小吃就太遗憾了。去当地特色的小吃店，才能品尝到地道的当地风味，更加深对风土人情的了解。另一种方式就是自己逛街，找本地的菜市场、老街，通常都能找到本地人常去的、便宜而且味道好的地方。

A 要品尝当地的小吃只有一种办法
B 品尝当地风味能加深对当地的了解
C 所有的菜市场里都有很多当地小吃店
D 老街里的东西虽然味道好但是很贵

第三部分

第71-90题：请选出正确答案。

71-73.

  有个老木匠师傅准备退休，他告诉老板，说要离开建筑行业，回家与妻子儿女享受天伦之乐。老板舍不得他的好工人走，问他是否能帮忙再建一座房子，老木匠说可以。但是后来大家都看得出来，他的心已不在工作上，他用的是软料，出的是粗活。房子建好的时候，老板把大门的钥匙递给他。"这是你的房子，"他说，"我送给你的退休礼物。"老木匠一下子目瞪口呆，羞愧得无地自容。如果他早知道是在给自己建房子，他怎么会这样呢？现在他只能住在一幢自己粗制滥造的"破房子"里！

  我们又何尝不是这样。我们漫不经心地"建造"自己的生活，不是积极行动，而是消极应付，凡事不肯精益求精，在关键时刻不愿尽最大努力。等我们惊觉自己的处境时，早已深困在自己建造的"房子"里了。把你当成那个木匠吧，想想你的房子，每天你敲进去一颗钉，加上去一块板，或者竖起一面墙，用你的智慧好好建造吧！你的生活是你一生唯一的创造，不能抹平重建，即使只有一天可活，那一天也要活得优雅、高贵，墙上的铭牌上写着："生活是自己创造的。"

71. 老板为什么要请老木匠再建一座房子？
    A 他想送给他的好工人一个礼物
    B 他想让老木匠住在破房子里
    C 他想给老木匠一个教训
    D 他想和妻子儿女安静地住在一起

72. 老木匠为什么很羞愧？
    A 他不该退休回家   B 老板把大门的钥匙给了他
    C 他工作太不认真了   D 他不想住破房子

73. 上文告诉我们：
    A 不要骗人   B 要尊重自己的老板
    C 要认真地生活   D 在困难面前要积极

74–77.

中医认为人身体的每个部分都有关系，不能分离。大夫通过望（看你的面色、舌苔、表情）、闻（听你说话、咳嗽、喘息的声音）、问（问你自己感觉到的症状）、切（用手摸你的脉或按你的肚子）四种方法就能查出你的病情。所以，大夫看看你的嘴，就能知道你的胃好不好；摸摸你的脉搏就能了解你的心、肝、脾、胃、肾的健康情况。

中药也很特别，一个不了解中医的人，第一次见到中药一定会大吃一惊，因为中药里边的东西太奇怪了，有树叶、草、虫子、石头，看起来一点儿也不像药。还有，中国人觉得药和平常吃的东西是不能分开的，所以他们常常会告诉你一些蔬菜、肉、水果的治病作用。

西医的方法看起来好像比中医科学。他们用清楚的数字衡量身体状况，比如，心脏每分钟跳多少次正常，血液里的某种成分含量占百分之多少算是正常。如果你觉得不舒服，大夫就会用各种复杂的机器给你检查，比如验血、照X光、做胃镜检查、做B超、做CT等等。如果发现你有什么地方不正常，就要给你打针吃药，有的病还要开刀动手术。

中医和西医都有自己的特点。一般来说，急性病看西医好，慢性病用中医治疗比较好。

74. 为什么有人初次见到中药会大吃一惊？
    A 中药看起来很像药　　　　　B 中药的药材很奇怪
    C 中药和平常吃的东西分不清　D 中药里面有很多水果

75. 关于西医，下面正确的是：
    A 西医的方法最科学　　　　　B 西医大夫都很喜欢数学
    C 西医更相信精确的检查数据　D 西医总是给人动手术

76. 根据上文，如果一个人病了很多年，他最好：
    A 去看中医　　　　　　　　　B 去看西医
    C 去动手术　　　　　　　　　D 去验一下血

77. 上文主要讲的是什么？
    A 中医　　　　　　　　　　　B 西医
    C 中医的治疗方法　　　　　　D 中医和西医的一些不同

78–82.

意大利一位著名的女高音歌唱家玛莲娜，仅仅三十多岁就已经红得发紫，誉满全球，而且郎君如意，家庭美满。

一次，她到邻国开独唱音乐会，入场券早在一年以前就被抢购一空，当晚的演出也受到极为热烈的欢迎。演出结束之后，歌唱家和丈夫、儿子从剧场里走出来，一下子被早已等在那里的观众团团围住。人们七嘴八舌地与歌唱家攀谈着，其中不乏赞美和羡慕之词。

有的人恭维歌唱家大学刚刚毕业就开始走红，进入了国家级的歌剧院，成为扮演主要角色的演员；有的人恭维歌唱家有个腰缠万贯的某大公司老板做丈夫，家境富有，不愁吃穿，而膝下又有个活泼可爱、脸上总带着微笑的小男孩儿……

在人们议论的时候，歌唱家只是在听，并没有表示什么。等人们把话说完以后，她才缓缓地说："我首先要谢谢大家对我和我的家人的赞美，我希望在这些方面能够和你们共享快乐。但是，你们看到的只是一个方面，还有另外一个方面没有看到。那就是你们夸奖的活泼可爱、脸上总带着微笑的这个小男孩儿，不幸的是，他是一个不会说话的哑巴。而且，我家里还有一个姐姐，是需要长年关在装有铁窗房间里的精神分裂症患者。"

歌唱家的一席话使人们震惊得说不出话来，他们你看看我，我看看你，似乎很难接受这样的事实。

这时，歌唱家又心平气和地对人们说："这一切说明什么呢？恐怕只能说明一个道理，那就是：上帝给谁的都不会太多。"

78. 根据上文，可以知道歌唱家玛莲娜：
　　A 有一个完美健康的儿子　　　B 只是闻名于意大利
　　C 喜欢和人聊天　　　　　　　D 事业很成功

79. 第三段中画线的词语"腰缠万贯"最有可能是什么意思？
　　A 很有权力　　　　　　　　　B 很有钱
　　C 很有能力　　　　　　　　　D 身体健康

80. 人们称赞玛莲娜：
    A 拥有大批歌迷   B 大学能顺利毕业
    C 家庭美满   D 能成为电影的主要演员

81. 为什么玛莲娜说的话让人们很吃惊？
    A 没想到成功很辛苦
    B 没想到美满的背后也有很多不美满
    C 没想到玛莲娜的态度非常谦虚
    D 没想到大家议论的时候玛莲娜不说话

82. 这个故事告诉我们什么？
    A 生活中充满不幸   B 命运是公平的
    C 做一个名人不容易   D 要抓住成功的机会

83-86.

许多植物都有睡眠，它们按照亘古不变的生活规律，舒舒服服地活着。人与植物比睡眠，是彻底的失败者。

花生其实是一种贪睡的植物。每当太阳西下，它的叶子就会犯困，慢慢合起来，表示自己要睡觉了。合欢树也是，它的叶子由许许多多长长的小叶子组成，像一把芭蕉扇子。白天的时候，它的叶子舒展开来，迎风而舞；一旦夜色降临，小叶子就会一对一对地合在一起，好像对你说：我要睡觉了，别来打扰我。还有睡莲，每当早晨太阳升起，它就会慢慢舒展开它娇艳的花朵，显得十分精神；随着太阳西下，夜色升起，它又会慢慢合上花瓣，显示出一副疲倦劳累的样子。

植物没有欲望，人有七情六欲；植物可以春风吹又生，人呢，黄粱一梦后就物是人非。就是这些纷杂的世事，让人合不上眼，睡不好觉。医治失眠的药方好像很多，但是，药物只能缓解症状，真正的药方在我们每个人的心里。你能放弃多少,看破多少,你就能获得多少好质量的睡眠。

拥有好睡眠,其实无非是让自己活得更有植物性。

83. 根据上文,植物和人相比,有什么优势?
    A 贪睡   B 睡眠质量好
    C 不用睡觉   D 不会困

84. 什么的叶子像一把芭蕉扇子?
    A 合欢树   B 花生
    C 睡莲   D 植物

85. 关于睡眠,下面哪个是正确的?
    A 植物没有欲望,所以也没有睡眠
    B 好的治疗方法可以完全解决人失眠的问题
    C 真正能治好失眠的是我们自己
    D 纷杂的世事让人疲倦易困

86–90.

有两个乡下人外出打工,一个买了去纽约的票,一个买了去波士顿的票,到了车站,打听后听说纽约人很冷漠,给人指个路都想收钱;波士顿人特别质朴,见了露宿街头的人会特别同情。去纽约的人想,还是波士顿好,挣不到钱也饿不死;去波士顿的人想,还是纽约好,给人带路都能挣钱。于是,两个人换了票,原来要去纽约的去了波士顿,打算去波士顿的到了纽约。

去波士顿的人发现,这里果然好。他初到那里的一个月内,什么工作也不干,竟然没有饿着。银行大厅里的水可以白喝,而且大商场里欢迎品尝的点心也可以白吃。

去纽约的人发现,只要想点儿办法,再花点儿力气就可以衣食无忧。刚到纽约的第二天，他在建筑工地装了10包含有沙子和树叶的土，以"花盆土"的名义，向见不着泥土而又爱花的纽约人兜售，当天他就净赚了50美元。一年后，他竟然凭着"花盆土"拥有了一间小小的门面。后来，他又有了一个新发现：一些商店楼面亮丽而招牌较黑，于是，他买了梯子、水桶和抹布，办起了一家清洗公司，负责擦洗招牌。如今他的公司有了150多个员工，业务还发展到了附近的几个城市。

一天，他去波士顿旅游。在路边，一个衣服破烂的人伸手向他乞讨，两人都呆住了，因为五年前，他们曾换过一次票。

86. 买了去纽约的票的那个人改变了主意，是因为他听说：
    A 纽约人很朴实   B 纽约人具有同情心
    C 纽约人不热情   D 纽约人去哪儿都要人指路

87. 去了波士顿的人有什么发现？
    A 找工作很难   B 给人带路都能挣钱
    C 所有的水可以白喝   D 不容易挨饿

88. 关于去纽约的人，下面哪个是正确的？
    A 他发现什么都不干也可以衣食无忧
    B 他开了一家负责擦洗招牌的公司
    C 他很快拥有了一个招牌较黑的小门面
    D 他一开始靠卖花盆赚钱

89. 根据上文，可以知道，去波士顿的人：
    A 很懒惰   B 很努力
    C 很喜欢旅游   D 很冷漠

90. 上文告诉我们：

　　A 只要坚持就能取得成功

　　B 有梦想就有未来

　　C 勤奋的人善于抓住机会，改变自己的处境

　　D 人生的道路千万条

二、答案与题解

第一部分

46. B	47. D	48. C	49. A	50. A
51. B	52. C	53. B	54. D	55. A
56. C	57. C	58. D	59. B	60. C

第二部分

题号	答案	题　解
61	C	选项 C 是对原文主旨的简单归纳。
62	C	原文最后一句话是文章主旨，选项 C 是它的另一种说法。
63	A	对文章细节的考查。"上到二楼才是大厅"与选项 A 的意思一致。
64	C	文章最后一句话是主旨。选项 C 是主旨的另一种说法。
65	A	选项 A 是对文中句子"一个善于讲话的人，通过良好的语言表达，可以跟同事友好地相处，结成友谊"的归纳。
66	C	选项 C 将原文"如果……那么……"连接的重要句子换了一种说法。
67	B	原文细节句"这种笑容容易使人产生好感"中的"这种笑容"指的就是全段都在说的主旨词：微笑。
68	A	原文中有一个表示因果关系的关联词"所以"，这个词前面的内容就是"老实泉"得到美名的原因。

159

(续表)

69	B	全文采用了举例子的办法，用"摸秋"这种习俗来证明"中国民间有很多有趣的习俗"这一主旨，而"摸秋"正是其中之一。
70	B	细节考查。选项B是原文语句"更加深对风土人情的了解"的另一种说法。

第三部分

题号	答案	题　解
71	A	用直接对应法。在文章第一段中有关键语句："老板舍不得他的好工人走""这是你的房子……我送给你的退休礼物"。
72	C	用直接对应法。在文章第一段中有关键语句："他的心已不在工作上，他用的是软料，出的是粗活。"
73	C	最后一段中有主题句"即使只有一天可活，那一天也要活得优雅、高贵"与选项C"要认真地生活"意思一样。
74	B	用直接对应法。文中"中药里边的东西太奇怪了"与选项B"中药的药材很奇怪"对应。
75	C	用排除对应法。文中"他们用清楚的数字衡量身体状况"与选项C"西医更相信精确的检查数据"对应。
76	A	在最后一段可找到关键句"慢性病用中医治疗比较好"。
77	D	最后一段中有主题句"中医和西医都有自己的特点"。
78	D	选项D"事业很成功"与第一段中"誉满全球"相对应。
79	B	根据下文中"某大公司老板……家境富有，不愁吃穿"可猜测到词义是"很有钱"。
80	C	用排除对应法。选项C"家庭美满"正确。
81	B	根据上文玛莲娜说话的内容可以总结出答案。
82	B	最后一段的主题句"上帝给谁的都不会太多"和选项B一致。
83	B	根据第一段和第三段中的有关语句可总结出答案。
84	A	用直接对应法。文中提到："合欢树也是，它的叶子由许许多多长长的小叶子组成，像一把芭蕉扇子。"

(续表)

85	C	文中有关键句"真正的药方在我们每个人的心里"与选项C一致。
86	C	用直接对应法。文中"打听后听说纽约人很冷漠"与选项C一致。
87	D	用直接对应法。"没有饿着"与"不容易挨饿"对应。
88	B	用排除对应法。文中"办起了一家清洗公司,负责擦洗招牌"与选项B"他开了一家负责擦洗招牌的公司"对应。
89	A	用排除对应法。从文中第二段可以推断出去波士顿的人"很懒惰"。
90	C	本文是记叙文,需了解总结全文故事大意才能得到答案,答案为C。

三、自我评估表

填写下面的表格,评估模拟试卷(二)的测试结果(在教师指导下或自我评估)。

	正确题数/错误题数	分数	你认为本题型的考查目的是什么?	你认为本题型你的错误原因是什么?	你认为用什么方法可以提高你做本题型的正确率?	综合分析,你的汉语阅读优势有哪些?(请画✓)
第一部分 46—60.	/		A. 词汇量 B. 语法点 C. 阅读速度 D. 阅读技巧 E. 其他(请自己填写)_____	A. 词汇量不够 B. 语法基础差 C. 阅读速度较慢 D. 缺少阅读技巧 E. 阅读数量少 F. 其他(请自己填写)_____		1. 词汇量较大 2. 语法基础好(句子理解快) 3. 阅读速度快 4. 汉语语感好 5. 喜欢(母语)阅读 6. 各种知识与经验较为丰富 7. 推理与猜测(文章、句子、字词意思)的能力较强
第二部分 61—70.	/		A. 词汇量 B. 语法点 C. 阅读速度 D. 阅读技巧 E. 其他(请自己填写)_____	A. 词汇量不够 B. 语法基础差 C. 阅读速度较慢 D. 缺少阅读技巧 E. 阅读数量少 F. 其他(请自己填写)_____		

（续表）

	正确题数/错误题数	分数	你认为本题型的考查目的是什么？	你认为本题型你的错误原因是什么？	你认为用什么方法可以提高你做本题型的正确率？	综合分析，你的汉语阅读优势有哪些？（请画✓）
第三部分 71–90.	/		A. 词汇量 B. 语法点 C. 阅读速度 D. 阅读技巧 E. 其他（请自己填写）_____	A. 词汇量不够 B. 语法基础差 C. 阅读速度较慢 D. 缺少阅读技巧 E. 阅读数量少 F. 其他（请自己填写）_____		8. 善于把握文章的文体和结构，从而把握文章大意 9. 其他（请自己填写）_____
阅读总分	/100 分					
及时发现问题并给出解决方案						

模拟试题（三）

一、试题

第一部分

第46–60题：请选出正确答案。

46–48.

曾经有几个大学生因登山迷路而失去生命，我就此访问某位登山专家。其中一个问题是："如果我们在半山腰，突然遇到大雨，应该怎么办？"登山专家说："你应该向山顶走。""为什么不往山下跑？山顶风雨不是更大吗？"我 <u>46</u> 地问。"往山顶走，风雨可能更大，却不会 <u>47</u> 你的生命安全。至于向山下跑，看起来风雨小些，似乎比较安全，但却可能遇到突然暴发的洪水而被活活淹死。"登山专家严肃地说："对于风雨，<u>48</u> 它，你只能被卷进洪水；迎向它，你却可能获得生存！"

46. A 悲观　　B 怀疑　　C 坦率　　D 谦虚

47. A 损失　　B 违反　　C 威胁　　D 利用

48. A 逃避　　B 配合　　C 躲藏　　D 承认

49–52.

古代曹操的官兵在经过麦田时，都下马小心地走过麦地，没一个敢踩麦子，老百姓都 <u>49</u> 他们。有一次，曹操正在骑马走路，忽然，田野里飞出一只鸟儿，惊吓了他的马。他的马蹿入田地，踩坏了一片麦田。

曹操立即叫来随行的官员，要求他们惩罚自己。官员不愿意。曹操说："我自己定的 50 都不遵守，还会有谁愿意遵守呢？"于是抽出刀要自杀，众人 51 拦住。大臣说："丞相有重要的责任，怎么能自杀呢？"

曹操想了一会儿说："但是，我不能说话不算话。我犯了错误也应该受罚。"于是，52，说："那么，我就以头发代替我的头吧。"

49. A 批评　　　B 说服　　　C 指责　　　D 称赞

50. A 规则　　　B 道理　　　C 概念　　　D 合同

51. A 临时　　　B 慢慢　　　C 连忙　　　D 根本

52. A 他就用刀割断自己的头

　　B 他就用刀割断自己的头发

　　C 他就用刀割断一个士兵的头

　　D 他就用刀割断士兵的头发

53–56.

上帝给我一个任务，叫我牵一只蜗牛去散步。

我不能走得太快，蜗牛已经 53 爬了，但每次总是只挪那么一点点。

我催它，我吓它，我责备它，蜗牛用抱歉的目光看着我，54 说："人家已经尽了全力！"蜗牛流着汗，喘着气，往前爬……

真奇怪，为什么上帝要我牵一只蜗牛去散步？

"上帝啊！为什么？"天上一片安静。

反正上帝不管了，我还管什么？

任蜗牛往前爬，55。

咦？我闻到花香，原来这边有个花园。

我感到微风吹来，原来夜里的风这么 56。

慢着！我听到鸟声，我听到虫鸣……

莫非是我弄错了？原来上帝是叫蜗牛牵我来散步。

53. A 享受　　　B 尽力　　　C 落后　　　D 发愁

54. A 仿佛　　　B 立刻　　　C 曾经　　　D 照常

55. A 我在后面真高兴　　　　B 我在后面思考问题

　　C 我在后面生闷气　　　　D 我开始喜欢蜗牛

56. A 糟糕　　　B 巧妙　　　C 温柔　　　D 沉默

57–60.

　　豆腐营养丰富，口感细腻，价格便宜，是中国的传统食品。目前，中国国内每年豆腐 <u>57</u> 量近 200 万吨。在国际市场上， <u>58</u> 。

　　豆腐由大豆制成，含有丰富的蛋白质，具有保持身体良好状态等多方面 <u>59</u> 。人体每天要 <u>60</u> 大量蛋白质和钙质，而豆腐则含有丰富的植物蛋白及钙质。同时，豆腐具有解毒作用，常吃豆腐可以保护肝脏，促进机体代谢，增加免疫力。

57. A 投资　　　B 转变　　　C 承受　　　D 消费

58. A 豆腐制品也越来越受到人们的怀疑

　　B 豆腐制品也越来越受到人们的喜爱

　　C 豆制品也越来越少了

　　D 豆制品的味道也越来越好了

59. A 功能　　　B 物质　　　C 情景　　　D 措施

60. A 收获　　　B 克服　　　C 补充　　　D 改善

第二部分

第 61-70 题：请选出与试题内容一致的一项。

61. 近来流行起了回归自然的全新旅游概念，越来越多的人开始走向大自然，寻求大自然带给人们的健康启发。"生态游"就是这样一种旅游形式，它为人们提供了一个空气清新、绿化良好的环境，对身体健康十分有益。

    A 生态游是一种古老的旅游概念
    B 生态游对大自然破坏很严重
    C 生态游对身体健康很有好处
    D 生态游一定要去有很多树的地方

62. 一位单身女子搬了家，晚上忽然停电，她赶紧点起了蜡烛。忽听有人敲门。原来是隔壁的小孩子，只见他紧张地问："阿姨，你家有蜡烛吗？"女子想：天哪，刚来就借东西，以后就更没完没了了。于是她冷冰冰地说："没有！"小孩儿笑了，还带着一丝得意："我就知道你家没有！妈妈怕你害怕，让我给你送蜡烛来了！"

    A 女子很喜欢小孩儿
    B 女子跟邻居很熟悉
    C 小孩儿想向女子借东西
    D 小孩儿的妈妈很善良

63. 你知道厨师为什么要戴上高高的白色帽子吗？最早有一位幽默的厨师，

一天，他看到有客人头上戴着一顶白色的高帽子，觉得十分有趣，就也做了一顶，而且比客人的帽子还高。时间长了，戴白色的高帽子就成了厨师们的装饰。后来，人们根据厨师水平的高低和工作时间的长短，规定厨师所戴帽子的高低。

A 厨师们都很幽默
B 帽子越白说明厨师的水平越高
C 白色的高帽子是厨师的装饰品
D 最早戴白色高帽子的是一位厨师

64. 据说，选定六月的第三个星期日作为父亲节，是因为六月的阳光是全年中最热的，以象征父亲对子女的爱。在当时确定这个节日的时候，还规定在节日当天，凡是父亲在世的子女胸前都戴一朵红玫瑰，父亲已去世的则戴一朵白玫瑰。

A 六月的第三个星期日是父亲节
B 父亲对子女的爱像玫瑰花一样
C 六月的玫瑰花特别鲜艳美丽
D 父亲去世的人在父亲节要戴红玫瑰

65. 人们往往习惯用蓝色来形容大海的颜色，其实未必十分准确。海水往往随着深度、盐度、温度以及周围自然环境等的影响，有着蓝、绿、黄、黑等颜色。不过像红海那样特别的颜色确实很少见。红海中的一种特殊海藻本来是蓝绿色的，死亡以后变成红色，把海面装扮得红红的。

A 用蓝色形容大海的颜色很准确
B 海水的颜色受到很多因素的影响
C 红海里的海藻都是红色的

D 红海里的海藻很少见

66. 鸡尾酒是一种酒和水混合在一起的饮料。传说古代流行斗鸡的游戏，双方各抱出一只公鸡，让两只公鸡当着大家的面进行拼斗、打架，看哪只公鸡最后获胜。获胜的公鸡一定是鸡尾毛最多的，所以大家向获胜的公鸡举杯祝贺时喝的酒就叫鸡尾酒了。

A 鸡尾酒中只有酒
B 获胜的公鸡鸡尾毛比较多
C 斗鸡游戏失败的人要喝鸡尾酒
D 鸡尾酒是现代才有的一种饮料

67. 推拿又叫按摩，是中医治疗疾病的一种方法。当人经过一天的劳动或运动后，往往会感到腰酸背痛，如果此时有人能给他轻轻地敲敲背、揉揉肩，他就会感到舒服，疲劳酸痛也可以减轻，甚至消失。推拿疗法简单、经济、安全，对某些常见疾病有较好的疗效，但不适用于体温很高、有皮肤病等情况的病人。

A 推拿是中医的一种治病方法
B 推拿可能会让人腰酸背痛
C 推拿疗法一般都比较贵
D 推拿疗法适用于所有的人

68. 有些食物，除了作为食物向人体提供能量和营养外，还像药物一样具有一些特殊的保健和治疗功能。医学上把利用食物防治疾病的方法叫做食物疗法。食物疗法在中国已有很长的历史，这些食物既不难吃，又没有不好的作用，因此是病人喜欢的一种治疗方法，在国外也受到了人们的普遍欢迎。但是食疗的疗效一般比较慢，不适合作为主要治疗手段。

A 所有的食物都可以当作药物
B 食物疗法也是药,所以很苦
C 食物疗法不适用于所有的疾病
D 使用食物疗法,病就会很快好起来

69. "电脑医生"就是让电脑当医生。它不仅看病快,还永远"态度好""百问不厌",而且是一位什么病都懂的全能大夫。只不过它诊断、治疗水平的高低却不是它自己能够决定的,全看程序编得好坏。很多医院已经把有名的医生的诊断思路和治疗经验编成程序,装入计算机。相信有一天,一般常见病只要在家里就可以请"电脑医生"进行诊断了。

A 电脑医生没有耐心
B 电脑医生水平都很高
C 电脑医生的水平比人高
D 以后人们可能可以在家看病

70. 面包通常是用面粉做成的,可是世界上有一种"面包"却是从树上摘下来的,这种树叫"面包树"。一棵面包树可以结面包果六七十年,所结的果实,能养活一两个人。面包果的风味和面包差不多,可用来制作果酱和酿酒。

A 面包果有很多用途
B 面包不都是用面粉做成的
C 没有人可以靠吃面包果生活
D 树上长的"面包"跟真的面包完全一样

第三部分

第 71-90 题：请选出正确答案。

71-73.

　　一个农民的一头驴子不小心掉进了一个很深的洞里，农民想尽办法去救它，但几个小时过去了，驴子依旧在洞里痛苦地叫着。最后，这位农民决定放弃了，他想，这头驴子年纪大了，他不希望看到它在洞里痛苦，所以决定用土把洞填上，让驴子快点儿死去。邻居们一起帮忙，开始将土填进深洞。

　　刚开始，老驴吓坏了，不料，过了一会儿，这头驴子竟安静下来了。农民好奇地往洞下一看，出现在他眼前的情景让他大吃一惊：当填进洞里的土落在驴子的背部时，驴子飞快地将土抖落掉，然后站到土上面！就这样，驴子将大家填在它身上的土全部抖落到它身下，然后再站上去。很快地，这只驴子便上升到洞口，然后在众人惊讶的表情中快步地跑开了！

　　在生命的旅程中，有时候我们也可能会掉入"深洞"里，各种各样的"土"会倒在我们身上。勇敢而聪明的人，总是为了自己的理想，去寻找解决困难的方法，将"土"抖落掉，然后站到上面去！

71. 农民为什么往洞里填土？
    A 他不喜欢这头驴子了
    B 他想让驴子踩着土爬出洞
    C 这头驴子太老了，没什么用了
    D 他想让老驴少些痛苦

72. 农民开始往洞里填土时，老驴：

A 很害怕　　　　　　　B 很着急

C 很安静　　　　　　　D 很努力

73. 上文中的"老驴"，像我们生活中的哪种人？

A 害怕痛苦的人　　　　B 勇于战胜困难的人

C 倒霉的人　　　　　　D 让人惊讶的人

74–78.

网上购物，就是消费者上网，在相关网站上查找商品信息，并通过电子订购单发出购物请求，厂商通过邮寄的方式发货，或是通过快递公司送货上门。如今，越来越多的消费者<u>热衷</u>于这种不用出门、轻松方便的购物方式。网上购物比传统的购物方式有更多的优势。

首先，对于消费者来说，第一，可以在家里轻松"逛商店"，购物不受时间、地点、天气等的限制；第二，可以在网上获得大量的商品信息，买到当地没有的商品；第三，网上支付比传统的用现金付款更加安全，可避免现金丢失或遭到偷抢；第四，从订购到货物上门不用亲临现场，既省时又省力；第五，由于网上商品省去了租店面、雇佣员工及保存等费用，其价格一般比商场便宜。

其次，对于商家来说，网上销售没有库存压力，经营成本低，经营规模不受场地限制，而且可以通过网络，及时了解市场信息，及时调整经营方式，提高企业的经济效益，增强参与国际竞争的能力。

总之，网上购物改变了传统商务模式，无论对消费者还是对企业都有着巨大的吸引力和影响力，在新经济时期，当然能达到"多赢"效果。

74. 关于网上购物的送货方式，下列哪项正确？
    A 有人给你送到家里　　　B 你自己去商店取
    C 你去网站发出购物请求　D 你自己去邮局发货

75. 第一段中画线词语"热衷"最可能是什么意思？
    A 有热情　　B 希望得到
    C 不太喜欢　D 非常爱好

76. 对于消费者来说，网上购物：
    A 刮风下雨也没有关系　　B 只能买到当地的商品
    C 有时也要亲自去商店看看 D 省去了保存的费用

77. 对于商家来说，网上购物有什么优势？
    A 商品比一般商场更便宜　B 能得到最新的市场信息
    C 要为消费者送货　　　　D 要雇佣很多员工

78. 上文主要谈的是：
    A 很多人越来越热衷于网上购物
    B 网上购物对消费者和商家来说都有很大的好处
    C 网上购物是一种传统的商务模式
    D 网上购物是一种轻松方便的购物方式

79–82.

美国有位著名的心理学家曾经很幽默地解释他所认为的"灵魂伴侣"的真意，他说，真正的"灵魂伴侣"是常常给你挑战，使你必须时时反省自己、提高自觉能力和个人修养的人。

通用汽车的老板也曾因为每一个董事都同意他的提案，而决定暂缓执行这个提案。他认为，如果没有一个反对的意见，就表示大家还无法预见任何潜在的问题，这种没有准备就贸然执行的提案太危险了。

上面的例子告诉我们：有人和你唱反调是一种福气。

大多数人的习性是避免争执，不太喜欢公开表示反对的意见，也不太愿意被反对，所以面对冲突的张力也比较小。当遇到有相反意见的场面时，就容易出现情绪反应，觉得自己被人攻击了，结果很可能是不欢而散，或是无法达成任何协议。其实很多时候唱反调的人用意都是很不错的。产生冲突是因为大家修养都不够，沟通技巧都不好，又都要面子，有些人还喜欢得理不饶人。所以只要你能将心胸打开，再适当运用一些幽默，稍微缓和一下气氛，那么结果应该是令人满意的。

能够接受不同或是愿意提出和别人不同的看法，协调出更好的结果，都是值得拥有的品质。如果你有唱反调的工作伙伴或朋友，找机会谢谢他们吧！

79. 根据上文，"灵魂伴侣"指的是什么？
    A 一个与你的意见完全相同的人
    B 一个常常和你唱反调的人
    C 一个修养很好的人
    D 一个很幽默的人

80. 通用汽车的老板：
    A 认为没有人反对他的提案不是件好事
    B 决定永远不再执行他的提案
    C 很高兴每个董事都同意他的提案
    D 没有办法预见提案的潜在问题

81. 根据上文，下面哪个是正确的？
    A 人们大多喜欢争执，也不太愿意被人反对

B 一些人面对反对意见时心胸不够开阔
C 产生冲突的原因之一是没有把对方当成知心朋友
D 要尊重领导的意见和提案

82. 上文主要谈的是：
A 面子与自尊心　　　　　B 有人反对你并不一定是坏事
C 领导者的艺术　　　　　D 如何接受别人的反对意见

83–86.

人们都知道喝水对身体很重要，但是什么时候喝水呢？最重要的一点是要随时主动喝水。很多人往往在口渴时才想起喝水，这种做法是不对的。这时，喝水已经来不及了，就好像花儿已经快死了才浇水一样。

具体地说，早晨起床以后，要赶快补充足够的水，最好是凉开水，要按喝水、早餐、刷牙这样的顺序来做。因为，经过一夜的睡眠，身体排出了大量的水分，血液变得比较浓了，流起来不太顺，血压容易升高。这时喝水，就能马上补充身体里缺少的水分，稀释血液，这一点，对老年人来说，尤其重要。睡前一到半小时喝上一杯水也是有好处的，可以帮助第二天排便。

当然，也有不该喝水的时候，如，边吃饭边喝水就不好，因为吃饭时，为了消化食物，胃里的液体大量产生，这时喝水，会把胃液冲淡，影响消化。所以，饭前、饭后的那段时间都不要大量喝水。另外，晚上超过九点半之后最好不要喝太多水，水喝多了半夜要起来上厕所，影响睡眠，还会增加肾脏的负担，早上起床眼睛会浮肿。

83. 根据上文，最好是什么时候喝水？
A 口渴的时候　　　　　　B 经常
C 吃饭的时候　　　　　　D 浇花的时候

84. 早晨起床以后马上喝水,可以:
    A 排出大量的水分   B 让血液变得比较浓
    C 让血液变得不那么浓   D 帮助第二天排便

85. 边吃饭边喝水为什么不好?
    A 会冲淡胃液   B 会产生大量液体
    C 容易饱   D 水喝多了要上厕所

86. 上文主要谈的是什么?
    A 喝水与健康   B 喝水的好处
    C 喝水的时间   D 喝水的顺序

87–90.

陈嘉庚,1874年出生在福建省同安县集美镇。他17岁前往新加坡,在父亲开设的米店学习经商。他勤于学习,艰苦创业,建立了一个庞大的企业集团,拥有上千万的资产,成为南洋华侨中的首富。

陈嘉庚身在海外,却心系祖国,他深知祖国和民族的未来在于人才,因此,他非常关心教育事业的发展。早在1894年,陈嘉庚就开始资助家乡的教育。1913年,他在家乡创办新式集美两级小学。为了改变女子受教育的落后状况,1917年,他又增办集美女子小学。此后又根据社会需要,先后开办了师范、水产、航海、商业、农业学校,并创办幼儿园、幼儿师范学校。这些学校统称为"集美学校"。1921年陈嘉庚又捐巨资创办了福建第一所大学——厦门大学。

陈嘉庚捐资办学花了多少钱,人们已经很难算清了。至1934年,陈嘉庚经商三十年获利1900万元,仅资助集美学校和厦门大学就花去800万元。在资金困难的时候,陈嘉庚先生"宁可变卖大厦,也要支持厦大"。

陈嘉庚先生一生捐资助学,为祖国培养了大量的人才。落叶归根,新中国成立以后，陈嘉庚先生回国定居，1961年在北京逝世。

87. 陈嘉庚为什么要捐资办学？
   A 他是南洋华侨中的首富
   B 他拥有一个庞大的企业集团
   C 他理解人才对祖国发展的重要性
   D 他一直勤于学习

88. 根据上文，"集美"是：
   A 福建第一所大学的名字
   B 是陈嘉庚的故乡
   C 陈嘉庚从小学习经商的地方
   D 陈嘉庚创业的地方

89. 陈嘉庚在祖国办学一共花去了多少钱？
   A 800万元   B 超过800万元
   C 1900万元   D 上万元

90. 最适合做上文标题的是：
   A 南洋华侨首富——陈嘉庚
   B 爱国华侨的创业史
   C 陈嘉庚与祖国的教育事业
   D 厦门大学与陈嘉庚的故事

二、答案与题解

第一部分

46. B   47. C   48. A   49. D   50. A

| 51. C | 52. B | 53. B | 54. A | 55. C |
| 56. C | 57. D | 58. B | 59. A | 60. C |

第二部分

题号	答案	题解
61	C	选项C对文章最后一句话变换了一种说法。
62	D	通读故事全篇得出结论。
63	C	选项C是原文句子"戴白色的高帽子就成了厨师们的装饰"的另一种说法。
64	A	选项A是原文句子"选定六月的第三个星期日作为父亲节"的另一种说法。
65	B	选项B是原文第二句的另一种说法。
66	B	选项B是原文句子"获胜的公鸡一定是鸡尾毛最多的"的另一种说法。
67	A	选项A是文章主旨句，与文章中心句（第一句话）基本相同。
68	C	文章结构中有"但是"一词，它引出的句子说的正是选项C提到的。
69	D	选项D是文章最后一句话的另一种说法。
70	A	原文提到面包果可以养活人，也可以制作果酱和酿酒。

第三部分

题号	答案	题解
71	D	用直接对应法。文中"他不希望看到它在洞里痛苦，所以决定用土把洞填上"与答案意思一样。
72	A	用直接对应法。文中"刚开始，老驴吓坏了"与答案意思一样。

（续表）

题号	答案	题解
73	B	文中最后一段有主题句"勇敢而聪明的人，总是为了自己的理想，去寻找解决困难的方法，将'土'抖落掉"，由此可知"老驴"与"勇于战胜困难的人"对应。
74	A	用排除对应法。文中"快递公司送货上门"与选项A对应。
75	D	根据上下文语境可以推测出词义。
76	A	文章第二段关键句"不受时间、地点、天气等的限制"与选项A对应。
77	B	文章第三段中关键句"及时了解市场信息"与选项B对应。
78	B	最后一段有主题句"无论对消费者还是对企业都有着巨大的吸引力和影响力，在新经济时期，当然能达到'多赢'效果"。
79	B	用直接对应法。"常常给你挑战"与"唱反调"意思差不多。
80	A	用排除对应法。在文中找到关键句"如果没有一个反对的意见……太危险了"，与选项A对应。
81	B	用排除对应法，可确定答案为B。
82	B	找出本文的主题词"反对"，就可找到正确答案。
83	B	用直接对应法。文中"随时主动喝水"与选项B意思一致。
84	C	用直接对应法。文中第二段中"稀释血液"与选项C一致。
85	A	用直接对应法。文中"这时喝水，会把胃液冲淡"与选项A对应。
86	C	文章第一句是主题句，与选项C一致。
87	C	用直接对应法。文中"他深知祖国和民族的未来在于人才，因此，他非常关心教育事业的发展"，与选项C对应。
88	B	文中第一句"陈嘉庚，1874年出生在福建省同安县集美镇"与选项B对应。

（续表）

题号	答案	题解
89	B	从文中"仅资助集美学校和厦门大学就花去800万元"可以推测出选项B是正确答案。
90	C	文章的关键词就是"陈嘉庚"和"祖国的教育"。

三、自我评估表

填写下面的表格，评估模拟试卷（三）的测试结果（在教师指导下或自我评估）。

	正确题数 / 错误题数	分数	你认为本题型的考查目的是什么？	你认为本题型你的错误原因是什么？	你认为用什么方法可以提高你做本题型的正确率？	综合分析，你的汉语阅读优势有哪些？（请画✓）
第一部分 46–60.	/		A. 词汇量 B. 语法点 C. 阅读速度 D. 阅读技巧 E. 其他（请自己填写）_____	A. 词汇量不够 B. 语法基础差 C. 阅读速度较慢 D. 缺少阅读技巧 E. 阅读数量少 F. 其他（请自己填写）_____		1. 词汇量较大 2. 语法基础好（句子理解快） 3. 阅读速度快 4. 汉语语感好 5. 喜欢（母语）阅读 6. 各种知识与经验较为丰富 7. 推理与猜测（文章、句子、字词意思）的能力较强
第二部分 61–70.	/		A. 词汇量 B. 语法点 C. 阅读速度 D. 阅读技巧 E. 其他（请自己填写）_____	A. 词汇量不够 B. 语法基础差 C. 阅读速度较慢 D. 缺少阅读技巧 E. 阅读数量少 F. 其他（请自己填写）_____		

（续表）

	正确题数/错误题数	分数	你认为本题型的考查目的是什么？	你认为本题型你的错误原因是什么？	你认为用什么方法可以提高你做本题型的正确率？	综合分析，你的汉语阅读优势有哪些？（请画✓）
第三部分 71–90.	/		A. 词汇量 B. 语法点 C. 阅读速度 D. 阅读技巧 E. 其他（请自己填写）_____	A. 词汇量不够 B. 语法基础差 C. 阅读速度较慢 D. 缺少阅读技巧 E. 阅读数量少 F. 其他（请自己填写）_____		8. 善于把握文章的文体和结构，从而把握文章大意 9. 其他（请自己填写）_____
阅读总分	/100 分					
及时发现问题并给出解决方案						

考前准备四

选择针对个人阅读弱项的训练

一、扩大阅读词汇量的建议与方法

以国家汉办最新的汉语水平考试大纲中的"HSK（五级）词汇大纲"为范本学习词汇。这种扩大词汇量的学习，只要求明白每个词的常用词义和读音即可，无需做词语搭配或造句练习，也不需要练习书写和朗读。

第一遍学习：利用一周时间浏览全部2500个词语。筛选出不熟悉的词语，用铅笔画上标记。

第二遍学习：利用一周时间回顾那些做了标记的词语。如果回忆起了或已经记住某个词语的常用意思，就擦去这个词上的标记。

第三（四、五）遍学习：每周一次，检查那些做了标记的词语，看自己是否已经在课堂或课外的汉语学习中掌握了。你会发现词汇大纲中的标记词越来越少了，这会使你很有成就感。

最后一遍学习：在HSK考前一周，彻底弄清楚表中剩余词语的意思。在这一阶段的学习中，首先，需要请教你的老师或汉语水平高于你的同学，这是一种高效率的学习方法。其次，需要查阅词典，将剩余词语自学完毕。

二、HSK（五级）阅读词汇量测试

词汇量测试（一）

请把相匹配的词语的序号填在横线处。

A.

1. 爱心
2. 本领
3. 表面
4. 彩虹
5. 成果
6. 传说
7. 待遇
8. 敌人
9. 豆腐
10. 反应

_____ 技能，能力。

_____ 人们口头上流传的关于某人某事的描述或说法。

_____ 工作或事业上的收获。

_____ 敌对的人，或敌对的方面。

_____ 指事物的外在现象，或指不是本质的部分。

B.

1. 概念
2. 股票
3. 个性
4. 规矩
5. 爱护
6. 保持
7. 踩
8. 表明
9. 炒
10. 承担

_____ 使（事物按原来的样子）继续存在下去。

_____ 指一定的标准、法则或习惯。

_____ 脚底接触地面或物体。

_____ 担负，担当。

_____ 清楚地表示。

考前准备四：选择针对个人阅读弱项的训练

C.

1. 除非
2. 创造
3. 达到　　_____　　为了达到一定的目的而努力做事。
4. 导致　　_____　　引起；造成（常用于不好的结果）。
5. 发表　　_____　　想出新方法，建立新理论，做出新的成绩或东西。
6. 逗　　　_____　　使高兴，招引。
7. 奋斗　　_____　　因有缺点、错误或未能尽责等而感到不安或羞耻。
8. 改善
9. 抱怨
10. 惭愧

D.

1. 出色
2. 恶劣
3. 干脆　　_____　　暖和。
4. 广泛　　_____　　从道理上来说一定会这样。
5. 迅速　　_____　　非常坏，坏到接近于极限。
6. 温暖　　_____　　疾病、痛苦等减轻。
7. 必然　　_____　　（涉及的）方面广，范围大，普遍。
8. 曾经
9. 本质
10. 缓解

词汇量测试（二）

请把相匹配的词语的序号填在横线处。

A.

1. 合同
2. 灰尘
3. 角度
4. 经典
5. 空闲
6. 利润
7. 逻辑
8. 名胜古迹
9. 农业
10. 日程

_____ 指风景优美和有古代遗迹的著名地方。
_____ 按日排定的行事程序。
_____ 思考问题的规律。
_____ 尘土。
_____ 指传统的、被专家和大众认为优秀的作品。

B.

1. 情景
2. 神经
3. 事实
4. 数据
5. 贡献
6. 兑换
7. 恨
8. 恢复
9. 建立
10. 教训

_____ 变成原来的状态。
_____ 拿出物资、力量、经验等献给国家或公众。
_____ 按一定比例将一种货币换成另一种货币。
_____ 心中仇视。
_____ 开始成立。

C.

1. 解放
2. 看望
3. 克服　　_____　盼望，等待。
4. 利用　　_____　不沉着，动作忙乱。
5. 漏　　　_____　用坚强的意志和力量战胜（缺点、错误、坏现象等）。
6. 委屈　　_____　形容对外界事物或自己的言行密切关注，以免发
7. 批准　　　　　　生不利或不幸的事情。
8. 期待　　_____　前往见面并表示问候。
9. 慌张
10. 谨慎

D.

1. 丝毫
2. 糟糕
3. 冷淡　　_____　事情即将发生或紧接着发生；马上。
4. 平等　　_____　指事情或情况不好。
5. 灵活　　_____　反应快，跟着情况的变化而变化。
6. 仿佛　　_____　不热情；客人少。
7. 格外　　_____　极小或极少，一点儿。
8. 立刻
9. 规律
10. 不耐烦

词汇量测试（三）

请把相匹配的词语的序号填在横线处。

A.

1. 思想
2. 业务
3. 资源
4. 宇宙
5. 行为
6. 营养
7. 色彩
8. 现象
9. 运气
10. 时差

_____ 事物的本质所表现出来的外部形式。
_____ 人的有意识的活动。
_____ 专业方面的事务或工作。
_____ （有生命的东西）发育生长所需要的养分。
_____ 不同时区之间的时间上的差距。

B.

1. 确认
2. 状况
3. 物质
4. 傍晚
5. 培训
6. 志愿者
7. 说服
8. 生产
9. 实现
10. 晒

_____ 使理想、愿望、计划等成为现实。
_____ 在阳光下接受光和热。
_____ 指金钱、生活资料、生产工具等。
_____ 确定，认可。
_____ 事物表现出来的样式或状态。

C.

1. 相关
2. 包括
3. 推广
4. 代表
5. 自觉
6. 宣布
7. 移动
8. 宝贵
9. 彻底
10. 体现

_____ 扩大事物使用或起作用的范围。
_____ 互相关联。
_____ 在总体中含有。
_____ 改换位置。
_____ 毫无保留，一直到底的。

D.

1. 发达
2. 模糊
3. 温柔
4. 周到
5. 相似
6. 毕竟
7. 照常
8. 幸亏
9. 情绪
10. 疲劳

_____ 不清楚。
_____ 温和，柔顺。
_____ 心情，心境。
_____ 跟平常一样。
_____ 差不多一样，相像。

词汇量测试（四）

请把相匹配的词语的序号填在横线处。

A.

1. 程度
2. 病毒
3. 产生
4. 对手
5. 比例
6. 措施
7. 大厦
8. 地理
9. 常识
10. 胆小鬼

_____ 出现；从已有事物中生发出新的事物。

_____ 一般人都应当具有的知识。

_____ 事物发展变化所达到的范围及限度。

_____ 竞赛或斗争中的对方。

_____ 缺乏勇气的人。

B.

1. 感想
2. 预防
3. 观念
4. 行业
5. 功能
6. 掌握
7. 搜索
8. 维修
9. 咨询
10. 谈判

_____ 仔细查找。

_____ 事先防备。

_____ 思想，意识。

_____ 商量，询问，征求意见。

_____ 接触外界事物后所引起的想法。

C.

1. 安慰
2. 辩论
3. 单纯　　_____　极少数的，单个的。
4. 成立　　_____　建立（政府、机构、组织等）。
5. 处理　　_____　安抚，劝说。
6. 到达　　_____　推动事物向前发展。
7. 存在　　_____　简单，不复杂。
8. 促进
9. 参与
10. 个别

D.

1. 生动
2. 坦率
3. 满足　　_____　形容言语、行为没有顾虑，直截了当。
4. 痛苦　　_____　具有活力，能感动人的。
5. 活跃　　_____　感到已经足够了。
6. 固定　　_____　前前后后，时断时续。
7. 随时　　_____　不注意，不重视。
8. 陆续
9. 造成
10. 忽视

词汇量测试（五）

请把相匹配的词语的序号填在横线处。

A.

1. 化学
2. 纪律
3. 简历
4. 结构
5. 市场
6. 理论
7. 魅力
8. 零件
9. 能源
10. 气氛

_____ 自然科学中的基础学科之一，研究物质的组成、结构、性质及其变化规律。

_____ （整体中）各个部分的搭配和排列。

_____ 能够产生能量的物质。

_____ 简要的履历。

_____ 可以用来装配成机器等的单个部件。

B.

1. 权力
2. 设备
3. 时刻
4. 手续
5. 对比
6. 分布
7. 改进
8. 构成
9. 合作
10. 幻想

_____ 在一定的区域内散布。

_____ 进行某工作所必需的成套设施或器物。

_____ 指时间的某一点或某一小段；每时每刻，经常。

_____ 互相配合来做一件事情。

_____ 对照，比较。

C.

1. 记录
2. 浇
3. 尽量　　_____　把液体倒在物体上。
4. 抗议　　_____　形容神情或气氛等使人感到敬畏，或做事的态
5. 浏览　　　　　　度严格认真。
6. 培养　　_____　不重视。
7. 评价　　_____　把听到的话或发生的事写下来。
8. 轻视　　_____　按一定的目的长期教育和训练使之成长。
9. 平衡
10. 严肃

D.

1. 弱
2. 痛快
3. 时髦　　_____　形容人的服饰衣着或其他事物新颖入时。
4. 巧妙　　_____　阻拦使停止。
5. 强烈　　_____　力量小，实力差。
6. 始终　　_____　表示经过相当长的时间愿望终于实现。
7. 总算　　_____　舒畅，高兴。
8. 阻止
9. 矛盾
10. 地位

词汇量测试（六）

请把相匹配的词语的序号填在横线处。

A.

1. 丝绸
2. 体会
3. 位置
4. 细节
5. 效率
6. 形势
7. 意义
8. 用途
9. 长辈
10. 账户

_____ 适用的方面或范围。

_____ 体验，领会。

_____ 用蚕丝或人造丝织成的纺织品。

_____ 辈分高的人。

_____ 细小的环节或情节。

B.

1. 媒体
2. 自由
3. 资格
4. 智慧
5. 交往
6. 省略
7. 摔倒
8. 缩短
9. 体验
10. 威胁

_____ 用武力等进行恐吓。

_____ 身体失去平衡而倒下。

_____ 使原有的长度、距离、时间等变短。

_____ 省掉、略去。

_____ 互相往来。

C.

1. 显示
2. 孝顺
3. 遵守
4. 预报
5. 涨
6. 制定
7. 装饰
8. 训练
9. 意外
10. 显然

_____	在物体表面加些东西，使之更美观。
_____	尽心奉养父母，顺从父母的意志。
_____	在意料之外的。
_____	（水位、价格等）升高，提高。
_____	事先报告。

D.

1. 坚强
2. 可怕
3. 明显
4. 刻苦
5. 具体
6. 难免
7. 纷纷
8. 逐步
9. 结论
10. 破坏

_____	不容易避免。
_____	强固有力，不可动摇。
_____	指许多人或事接二连三地。
_____	一步一步地。
_____	清楚地显露出来，容易被人看出或感觉到。

词汇量测试答案

(一)

A. 2、6、5、8、3   B. 6、4、7、10、8

C. 7、4、2、6、10   D. 6、7、2、10、4

(二)

A. 8、10、7、2、4   B. 8、5、6、7、9

C. 8、9、3、10、2   D. 8、2、5、3、1

(三)

A. 8、5、2、6、10   B. 9、10、3、1、2

C. 3、1、2、7、9   D. 2、3、9、7、5

(四)

A. 3、9、1、4、10   B. 7、2、3、9、1

C. 10、4、1、8、3   D. 2、1、3、8、10

(五)

A. 1、4、9、3、8   B. 6、2、3、9、5

C. 2、10、8、1、6   D. 3、8、1、7、2

(六)

A. 8、2、1、9、4   B. 10、7、8、6、5

C. 7、2、9、5、4   D. 6、1、7、8、3

三、提高阅读速度的技巧与策略

1. 眼睛（视线）应该以词组、短语或小句为单位进行跳跃式阅读。

应当这样读：

看来，/"有钱"和"有闲"/永远难以两全。/难怪有人说：/"当你年轻、没钱时，/希望能用时间去换金钱，/当你有钱后，/却很难再用金钱买回时间。"

不应该这样读：

× 看来,/"有钱"/和/"有闲"/永远/难以/两全。/难怪/有人/说:/"当/你年轻、没钱/时，/希望/能/用时间/去/换/金钱，/当/你/有钱/后，/却/很难/再/用金钱/买回/时间。"

更不应该一个字一个字地读。

以词组、短语和小句为单位进行跳跃式阅读，可以减少阅读时的疲倦和厌烦感，也能更快、更有效地理解每一个词组、短语和小句的意思。

2. 不要进行有声阅读或默读（考场上当然不准有声阅读），也不要用笔或者手指在文字上指读，那样会大大降低阅读速度。

3. 第一遍阅读要把文章一次读完，不要中途停下来，第二遍则可来回查读。

4. 尽量去猜测那些你不太明白的词语的意思，并尝试着跳过那些你不懂，但看起来也不太重要的词语，那些词可能是出题者故意设置的障碍。

5. 遇到一些重要的阅读信息，如文章的中心意思，要略微放慢阅读的速度；遇到那些不重要的信息，如举例、不重要的细节等，要加快阅读的速度。

6. 如果文章大意和结构都清楚，但生词很多，速度上不去，这说明词汇量不足。扩大词汇量，必须先突破HSK（五级）词汇（2500个）。

四、快速阅读训练短文六篇

阅读提示：预读：30秒　正式读：2分钟
记录时间，完成测试题。

快速阅读（1）

老年始于 80 岁

现在，人生老年阶段开始的年龄已经延迟。三一学院神经学研究所所长伊朗·罗伯逊说，无论是从生理还是心理角度看，80 岁才应该是老年的开始。"这就为我们留出了 30 年的时间——大约从 50 岁到 80 岁——去创造一种全新的生活方式。"罗伯逊从 1984 年开始研究年龄对大脑的影响。在那个时候，中风患者的平均年龄是 72 岁。"到了 1999 年，我的中风病人的平均年龄为 82 岁。"在短短的 15 年时间里，我亲眼看到了人们的身体机能年轻了 10 岁左右。

现在，在英国，一个现年 60 岁的女子预计可以活到 83 岁。人们在 50 岁后的生活方式会直接影响到自己身体机能的保持水平。罗伯逊提出了保持年轻的七点建议：

1. 有氧运动对保持年轻可能是最重要的。大脑的功能和结构与运动有密切的关系。

2. 精神刺激很重要。人们通过脑部锻炼可以减缓认知能力的衰退。

3. 新知识的学习很重要。他说："你学的越多，你能学的就越多。学习对大脑有非常积极的生理作用。"

4. 长期处于高度压力之下会对大脑尤其是记忆力造成负面影响。

5. 丰富的社交生活有帮助。有丰富社交生活的人能更长久地保持大脑的敏锐。

6. 健康的饮食。多吃水果、蔬菜和鱼肉能有效减缓认知能力的衰退。

7. 心态年轻：要常常觉得自己年轻。

（选自《老年健康》，2011 年第 3 期，有改编。）

阅读时间 _____

生词或短语

中风：一种由于脑血管堵塞或淤血所引起的疾病，英文是"apoplexy"。

认知能力：认识客观事物、获得知识的能力。

衰退：退步。

刺激：外部力量作用于感觉器官，使生物体（有生命的物体）产生反应。

根据文章内容判断正误。

1. 过去，人生老年阶段的开始年龄比现在的研究结果要晚。（　）
2. "80岁才应该是老年的开始"只是从人的身体角度说的。（　）
3. 运动对大脑有直接的影响。（　）
4. 人们在30岁之后的生活方式直接影响到自己身体机能的保持水平。（　）
5. 罗伯逊提出了保持年轻的几点建议。（　）
6. 长期在巨大压力下生活会使人的记忆力增强。（　）
7. 多与他人来往能使人长久地保持大脑的灵活反应。（　）
8. 水果、蔬菜和鱼肉能有效减慢老年人认知能力的下降。（　）
9. "心态年轻"指的是人到了老年，但是思想还不太成熟。（　）
10. 本文谈到的关于老年的调查研究项目是由中国人主持进行的。（　）

阅读理解正确率 _____ /10

答案

1. ×　2. ×　3. ✓　4. ×　5. ✓　6. ×　7. ✓　8. ✓　9. ×　10. ×

快速阅读（2）

生活垃圾的分类处理

一般来说，生活垃圾可以分为四大类：可回收垃圾、厨余垃圾、有害垃圾和其他垃圾。目前，常用的垃圾处理方式主要有综合利用、卫生填埋、焚烧和堆肥。

可回收垃圾包括纸类、金属、塑料、玻璃等。通过综合处理回收利用，可以减少污染，节约资源。例如，每回收1吨废纸，可以造好纸850公斤，节省木材300公斤，比原始造纸减少74%的污染；每回收1吨废塑料饮料瓶，可以获得0.7吨二级原料；每回收1吨废钢铁，可冶炼好钢0.9吨，比用矿石冶炼节约47%的成本，减少75%的空气污染，减少97%的水污染和固体废物污染。

厨余垃圾包括剩菜剩饭、骨头、菜根、菜叶等食品类废物。经过生物技术处理，就地堆肥，每吨可生产0.3吨有机肥料。而这些有机肥料可以在农业以及园艺花卉种植中发挥效用，并可取代化学肥料。

有害垃圾包括废电池、废电子产品（电脑、手机、冰箱等）、废水银温度计、过期药品等。这些垃圾需要特殊的安全处理方法。目前，人类对于此类垃圾的处理还缺乏良好的措施。

其他垃圾包括除上述几类垃圾之外的砖瓦陶瓷、渣土、卫生间废纸等难以回收的废弃物，应采取卫生填埋，例如，在填埋之前，在填埋坑里铺上防漏防渗的隔离物，从而有效减少其对地下水、地表水、土壤及空气的污染。

（选自新浪网，2011年7月27日，有改编。）

考前准备四：选择针对个人阅读弱项的训练

| 阅读时间 _____ |

生词或短语

堆肥：使用落叶、粪尿、厨余垃圾等，经过微生物分解而制成的有机肥料。

金属：具有导电、导热和延展性质、有光泽而不透明的物质，英文是"metal"。

玻璃：一种脆硬透明的建筑、装饰材料，英文是"glass"。

矿石：从矿体中开采出来的，从中可以提取有用物质的矿物集合体，英文是"ore"。

冶炼：从矿石中提炼金属的过程。

根据文章内容判断正误。

1. 本文主要介绍如何处理生活垃圾。　　　　　　　　　　（　）

2. 可回收垃圾指的是经过处理后可以再利用的垃圾。　　　（　）

3. 对垃圾进行焚烧也是一种垃圾处理方式。　　　　　　　（　）

4. 窗户上的玻璃破碎后属于可回收垃圾。　　　　　　　　（　）

5. 根据判断，铁制的废桌椅属于其他垃圾。　　　　　　　（　）

6. 厕所废纸属于可回收垃圾。　　　　　　　　　　　　　（　）

7. 厨余垃圾可以制成农业上使用的肥料。　　　　　　　　（　）

8. 过期药品属于其他垃圾。　　　　　　　　　　　　　　（　）

9. 目前，人类对于废电子产品的处理还缺乏安全有效的措施。（　）

10. 有害垃圾一般使用卫生填埋的方式进行处理。　　　　 （　）

| 阅读理解正确率 _____ /10 |

答案

1. ✓ 2. ✓ 3. ✓ 4. ✓ 5. ✗ 6. ✗ 7. ✓ 8. ✗ 9. ✓ 10. ✗

快速阅读（3）

中国的菜系

中国菜有着不同的系统，大致是按照地区划分的。主要分为鲁菜、川菜、粤菜、淮扬菜和湘菜等几类。除上述几种菜系外，还有宫廷菜、孔府菜、清真菜等。

"鲁"是山东的简称，鲁菜指山东菜，主要从山东东部沿海一带兴起，所以特别擅长海鲜的烹调。北京许多老餐馆，例如萃华楼、丰泽园、同和居，都是山东饭馆。著名的烤鸭店全聚德，最初也是山东人开的。在北京有不少年老的厨师讲山东话，这也说明山东菜在北京的优势。

"川"是四川的简称，川菜指四川菜。川菜的特点是辣和麻，辣是因为辣椒多，麻是因为花椒多。川菜常常是一盘红，那鲜明的颜色也很刺激人的食欲。四川除大菜以外，小吃也做得好，抄手、汤圆、水饺都很可口。如果到四川成都，千万别错过那里的小吃。

"粤"是广东的简称，粤菜指广东菜，粤菜是以海鲜为主。广东点心也很有名，种类多，味道好。广东人还讲究吃早茶，就是一边喝茶一边吃这些点心。中国很早就有"食在广州"的说法。

"淮扬"指江苏省扬州一带，淮扬菜指江苏菜。淮扬菜的特点是甜，咸中带甜，让人觉得柔和而不刺激。

"湘"是湖南的简称，湘菜指湖南菜。湘菜的特点也是辣，但不是一般的辣，辣得外地人受不了。湖南人还爱吃苦瓜，配上辣椒，味道浓烈，很刺激食欲。

（选自杨贺松《中国家常》，北京大学出版社，1991年3月，有改编。）

阅读时间 _____

生词或短语

鲁、川、粤、湘：分别是山东省、四川省、广东省和湖南省的简称。

食欲：人吃东西的愿望（欲望）。

海鲜：供食用的鱼虾等海产品。

厨师：在饭店、餐馆里以烹调饭菜为职业的人。

食在广州：想吃美食就去广州。

根据文章内容判断正误。

1. 中国菜的菜系主要是按照不同的民族和地区来分类的。（　）
2. 鲁菜指的是山东菜，它的特点是鱼、虾之类的海（水）产品做得好。（　）
3. 全聚德是山东著名的烤鸭店。（　）
4. 四川菜的口味很"麻"，是因为放入菜中的辣椒多。（　）
5. 如果到了四川成都，不要吃那里的小吃。（　）
6. 粤菜指的是广东菜。（　）
7. "食在广州"的意思是说广州的饭菜很便宜。（　）
8. 江苏菜的特点是咸和甜，很温和。（　）
9. 湖南菜的特点是特别辣。（　）
10. 中国的菜系一共分为鲁菜、川菜、粤菜、淮扬菜、湘菜五种。（　）

阅读理解正确率 _____ /10

答案

1. × 2. ✓ 3. × 4. × 5. × 6. ✓ 7. × 8. ✓ 9. ✓ 10. ×

快速阅读（4）

青少年的心理健康

过去成年人心理问题比较多，而现在十四五岁的青少年却经常出现在心理医生的诊所里。

青春期的孩子易出现心理问题，这是因为他们生理和心理发育不平衡。身体发育的时候，孩子容易不知所措。尤其是第二性征的出现让孩子们觉得自己的身体已经是个成人了，而实际上他们的心智还停留在孩子的水平，他们对问题考虑不周到、不深刻，语言表达不够完整，喜欢用肢体语言来表达感觉。所以，这个时期的孩子大多做事情比较偏激。

青春期的孩子非常敏感，自尊心很强，希望被信任、被尊重。如果得不到亲近的人的信任和尊重，心理问题就容易被夸大。所以，孩子和父母之间应该建立平等的同伴式关系，父母不要把自己的价值观强加给孩子。对于孩子想干的事，家长不要用自己的经验去理解，要相信他们能够设计自己的未来。年轻人因为没经验容易摔跤，但是，他们摔一下反而更容易体会人生，家长要做的只是指导性的工作。

心理医生认为，20多岁年轻人出现的心理问题可能并不是当下的原因造成的，大多数是缘于小时候。这样的孩子如果就业或步入婚姻，一旦压力出现，小时候存在的问题就会显露出来。所以对于中学生的心理问题，无论是医生、家长还是老师都要管，不要让孩子带着心理问题长大。

（选自《北京青年报》，2004年2月15日，有改编。）

阅读时间 _____

生词或短语

偏激：（思想、言论等）激烈过分。

性征：区别男女两性的特征。

不知所措：不知道应该怎么做。

根据文章内容判断正误。

1. 这篇文章讨论的是成年人经常发生的心理问题。（ ）
2. 现在去医院看心理疾病的青少年越来越多。（ ）
3. 身体发育和心理发育同步进行是许多青春期孩子出现问题的原因。（ ）
4. 第二性征的出现标志着孩子的身体和心理已经进入成年期。（ ）
5. 青春期孩子喜欢用身体动作来表达使用语言时不能表达的感觉。（ ）
6. 青春期孩子的心理问题容易被夸大，原因是他们喜欢说假话。（ ）
7. 家长不应该要求孩子一定要具有与自己完全一致的价值观。（ ）
8. 家长应该多多指导孩子的生活，不应该让孩子遭受失败的痛苦。（ ）
9. 人们成年后在就业或婚姻中出现的问题都是成年后才产生的。（ ）
10. 作者提醒家长、老师及医生，对于青春期孩子的心理问题应尽早处理。（ ）

阅读理解正确率 _____ /10

答案

1. ✗ 2. ✓ 3. ✗ 4. ✗ 5. ✓ 6. ✗ 7. ✓ 8. ✗ 9. ✗ 10. ✓

快速阅读（5）

爱，要学习的东西很多

隆重热闹的婚礼一结束，一对新人便开始了婚姻之旅，但这是一次没有地图的旅行，夫妻二人必须"摸着石头过河"。

新婚夫妻的"蜜月期"也常是"冲突期"。长期以来人们对婚姻的一些特定阶段的命名有不合适的地方，一直在误导着夫妻双方。比如，结婚的头两年一直被叫做婚姻的"蜜月期"，但是专家们说这段时间其实是婚姻旅途中最艰难的时期，离婚率最高。又如，"七年之痒"一直以来被人们认为是婚外情的罪魁祸首，但是新的调查统计表明，结婚14年到16年时夫妻二人的分歧和争吵比以往任何时候都多，从而导致感情不和，给婚外情以可乘之机。

成功的婚姻取决于处理分歧的能力。婚姻中会遇到很多问题，看起来繁多，但症结只有一个——分歧。夫妻二人首先要对可能出现的分歧和争吵做好心理准备，这样才能对婚姻有一个正确的认识和合理的期望。夫妻二人是两个不同的圆，有交叉的区域，但永远不可能成为一个圆。

爱是学习的过程。人们渴望得到爱情，但很少有人认为爱还需要学习。实际上，许多婚姻家庭专家一致认为，获得成功的婚姻需要一些知识和技巧，这些是可以通过学习获得的。就像学习音乐、绘画和医学等技能一样，在婚姻的旅途中，我们也需要学习爱的技能和技巧。

（选自新华网，2003年7月3日，有改编。）

阅读时间 _____

生词或短语

命名：起名字。

分歧：不一致（的地方）。

症结：（事情）不好解决的地方。

罪魁祸首：犯罪或惹祸的首要因素。

交叉：方向不同的线或条状物互相穿过。

根据文章内容判断正误。

1. "婚姻是一次没有地图的旅行"是说夫妻没有婚姻经验，对困难要有心理准备。（ ）
2. "摸着石头过河"的意思是婚姻中的夫妻二人要互相依靠、互相帮助。（ ）
3. 文章中的"蜜月期"，指的是夫妻结婚后的第一个月。（ ）
4. 婚姻最初的两年，离婚率最高。（ ）
5. 一直以来，人们认为夫妻结婚七年时发生矛盾的主要原因是婚外情。（ ）
6. 年龄差14岁到16岁的夫妻结婚后矛盾和争吵最多。（ ）
7. 夫妻二人虽然具有一些共同的东西，但永远不可能完全一样。（ ）
8. 获得成功的婚姻需要一些知识和技巧，这些是可以通过学习获得的。（ ）
9. 很多人没有认识到夫妻二人的婚姻生活还需要学习。（ ）
10. 作者认为，婚姻能否成功，关键在于夫妻二人是否具有处理矛盾的能力。（ ）

阅读理解正确率 _____/10

答案

1. √ 2. × 3. × 4. √ 5. × 6. × 7. √ 8. √ 9. √ 10. √

快速阅读（6）

交通拥堵，从城市到城镇

2008年奥运会之前，北京的交通状况曾达到严重拥堵的程度，奥运会期间的机动车限行措施曾一度使北京的交通状况改善至基本通畅程度。因此，在奥运会之后，北京开始实行机动车按尾号限行的交通管理措施。然而，这一措施也同时助长了北京居民的购车意愿。《中国经济生活大调查》数据显示，2009年北京居民购车意愿上升至39%的历史最高点。随着北京机动车保有量的迅速增长，2010年北京交通状况不断恶化，重新逼近严重拥堵的程度。

自2011年起，北京开始实行购车摇号的总量控制措施，并逐步提高城区停车收费标准。这使得北京的交通拥堵状况有所缓和，但交通拥堵日趋严重的走势并未改变。北京市交通委发布的《2013年北京市交通运行分析报告》显示，2013年平均每天堵车1小时55分钟，与2012年同期相比延长了25分钟。

本世纪以来我国汽车销量的持续增长预示着交通拥堵的状况将会更加严重，范围也会逐步扩大。《中国经济生活大调查》历年数据显示，近年来我国居民购买汽车的意愿高峰地区正在从一二线城市向三四线城市转移。受地方政府财政状况的制约，目前我国中小城市的市政建设和道路交通状况尚未做好应对机动车数量迅速增长的准备。因此，三四线城市的交通拥堵势必日益加重，甚至会波及部分县城。交通拥堵这类"大城市病"有可能迅速"传染"到一些小城镇。

(选自中国经济网，2014年9月28日，有改编。)

阅读时间 _____

生词或短语

限行：限制机动车通行。

保有量：在一定范围内拥有的数量。

市政建设：政府根据城市规划的总体部署所主办的各种公共性设施和事业的建设，如修建道路、桥梁等。

势必：根据形势推测必然会发生某种情况。

根据文章内容判断正误。

1. 北京奥运会期间，北京的交通状况曾达到严重拥堵的程度。（ ）
2. 机动车尾号限行的规定助长了北京居民的购车意愿。（ ）
3. 2010年北京居民购车意愿达到39%的历史最高点。（ ）
4. 2008年开始，北京实行机动车尾号限行的总量控制措施。（ ）
5. 购车摇号和提高城区停车收费标准使北京交通不再拥堵。（ ）
6. 2012年北京平均每天堵车1小时30分钟。（ ）
7. 我国交通拥堵的状况将会更加严重的主要原因之一是汽车销量的持续增长。（ ）
8. 现在中国三四线城市居民的汽车购买意愿正在增加。（ ）
9. 我国中小城市的市政建设不够好是造成交通拥堵的原因之一。（ ）

10. 交通拥堵状况将从一二线城市向三四线城市转移。（ ）

阅读理解正确率 _____ /10

答案

1. × 2. √ 3. × 4. × 5. × 6. √ 7. √ 8. √ 9. √ 10. ×